作者簡歷

一、學歷：

東吳大學 歷史學系
中原大學 宗教研究所
以色列耶路撒冷希伯來大學 – 希伯來語第六級(最高級)文憑

二、以色列相關經歷：

2012.11 - 2013.5　以色列國際志工 Kibbutz Samar。
2014.9 - 2015.4　以色列國際志工　Kibbutz Ein Gev。
2015.7 - 2017.6　耶路撒冷希伯來大學主修希伯來語。
2016 - 2017　　　在以期間曾四度受邀至以色列國會中文-希伯來文-英文翻譯。
2018.3　　　　　創辦妥拉坊，推廣希伯來語與妥拉學習。
2018.3 - 2020.6　基督教網路平台:鴿子眼「奧秘之鑰-解鎖妥拉」、「創世奧秘-文字智慧:22 個希伯來語字母解析」主講人。
2018.12 - 2020.12 以色列聯合呼籲組織台灣分會妥拉講師。
2019.10 迄今　　政大公企中心 現代/聖經希伯來語、妥拉講師。

三、參與講座：

2018.12　以色列教育思維影響力論壇:「踏進人生的應許之地-以色列經驗的個人生命省思」，由迦樂國度文化主辦。
2019.4　　妥拉:生命之道 猶太文化藝術展(台南場)，主講「出埃及記文本詮釋及其宗教意涵。」由猶沐文化、正義美學空間主辦。
2019.9　　政大公企中心,「智慧之鑰-希伯來語」。
2019.10　妥拉: 生命之道 猶太文化藝術展 (台北場)，共四場講座:「猶太人的精神食糧:妥拉、猶太人的教育思維、上帝的文字:希伯來語、上帝的行事曆」。由猶沐文化、正義美學空間主辦。
2020.8　　妥拉藝術文化展:共生共存,「奇布茲:以色列志工經歷的省思啟示」。由猶沐文化、正義美學空間主辦。

妥拉坊自 2018 年 3 月創辦以來，亦不定期自行舉辦希伯來語、及妥拉相關的課程及講座。

作者序

由基督教網路平台:鴿子眼策畫,以基督徒的角度來讀妥拉,冀望用深入淺出之方式來介紹妥拉的「奧秘之鑰-解鎖妥拉」這一系列影片拍攝計畫,前後歷時兩年多,從 2018 年 3 月開始至 2020 年 5 月結束。筆者有幸,受邀撰寫該計畫的所有影片腳本 (逐字稿) 的內容,從「創世記、出埃及記、利未記、民數記、申命記」共 54 段妥拉、以及「耶和華的節期」、和「創世奧秘-文字智慧」22 個希伯來文字母解析。以上內容文字,共逾六十餘萬字,拍出 300 多支的影片。

自 2020 年 5 月拍攝結束後,筆者開始將這些文字整理成冊,以待日後出版成書,從創世記、出埃及記、利未記、民數記、申命記、耶和華的節期、和 22 個希伯來語字母解析,共 7 本書。

讀者拿在手上的這本《奧秘之鑰-解鎖妥拉:利未記》即是根據原先拍攝的影片腳本 (逐字稿) 擴充而來,文中多加了許多註腳,俾使文本的質量更加豐富。

現在回首,能完成這麼龐大的計畫完全是上帝的恩典,感謝鴿子眼及 Betaesh 的團隊在過去的協作和支持,特別是 Kevin 若沒有你的發起和全力支持,這個計畫是不會發生的、Peter & Jill 若沒有你們堅持到底的精神和堅毅的執行力,在當中居間協調並解決各樣大小問題與狀況,那這個計畫是不可能會完成的、最後感謝元萍的影片後製,若沒有妳精準和過人的細心,這麼大量的希伯來文字卡和希伯來文經文是不可能這麼整齊漂亮的出現在影片上。

也特別感謝愛生協會/以色列聯合呼籲組織台灣分會會長 Richard & Sandy 的邀請,讓鹽光能完整分享兩年的妥拉課程,每次預備分享課程的內容,以及思想咀嚼你們所提出的每個問題時,總能使鹽光更加深對於每段妥拉深入又多面向的思考。

另外,也特別感念香港夏達華總幹事黃德光老師的指導,在撰寫腳本期間,您總是願意耐性地看完我內容冗長的文字,並給我方向和激發我做進一步的思考。筆者兩次赴港,去到夏達華聖經文物博物館參訪期間,也承蒙 Amelia,Alison,Henry 等老師的熱情接待與照顧,在此一併致謝。

在拍攝-寫作期間,也感謝不少人默默地給予支持和奉獻,在此特別謝謝 Eva 姐,以及 Steve 哥 & Connie 姊。

最後,感謝我的父、母親,沒有你們全然放手,全然支持我的「以色列信心之旅」那就不會有現在的我,也感謝我的岳父、岳母,寫作期間還特別買了一部筆電讓

我能進入高效能地寫作狀態，也特別感謝岳母 洪博士，於百忙中還願意幫女婿校稿。還有我最摯愛的太太(現正懷著八個月大的女兒:鍾馨)，若沒有妳對我的「不離不棄」和「完全的信任及全部的支持」，這個妥拉拍攝-寫作的如此龐大的計畫是不可能成就的。

感謝上帝，感謝祢的恩典，感謝祢所賞賜的一切。

格式與範例

一、**QR Code**.

在本書中，讀者將會看到許多 **QR Code**.(上面正方形的圖案)。在每段妥拉的標題，和正文當中五個分段的標題旁邊，都會出現這些 **QR Code** 的方型圖案。

正如前文在作者自序中所述，這一系列《奧秘之鑰-解鎖妥拉》的著作，原先是一項大型拍攝計畫: 54 段妥拉，每段妥拉再細分成 5 支短信息的影片。本計畫始於 2020 年 6 月拍攝結束後，陸續將近三百支影片全數上傳至基督教網路福音平台: 鴿子眼 Youtube 頻道。

而本書《奧秘之鑰-解鎖妥拉:利未記》，及其後即將出版的出埃及記、民數記、申命記、耶和華的節期、及希伯來文 22 字母釋義，皆由筆者原先為著拍攝計畫而寫成的「影片腳本 (逐字稿)」所進一步「擴充」而成。

在這些腳本(逐字稿)中，正如讀者在本書中將會看到的，會有許多的希伯來經文和字詞，若讀者也想同步學習及聆聽這些**希伯來文**的正確發音，即可以用手機來「掃描」這些 **QR Code**. 連結到對應的妥拉影片，和本書一起閱讀視聽，順便學習經文當中一些重要的**希伯來文**的字詞和概念。

二、本段妥拉摘要

在每段妥拉的第一頁，都會有一份「本段妥拉摘要」的文字內容，此摘要放在每段妥拉的頁首，目的是希望讀者可以先透過此摘要內容，來對這一段妥拉有個初步整體的、提綱挈領的理解和認識。

三、經文「伴讀」

在每段妥拉的第二頁面左上角，會列出本段妥拉的經文範圍，及其相關的伴讀經文。例如利未記 No.1 妥拉 <祂呼叫> 篇第二頁，讀者將會看到如下的經文編排：

利未記 No.1 妥拉 <祂呼叫> 篇 (פרשת ויקרא)
經文段落：《利未記》1:1 - 6:7
先知書伴讀:《以賽亞書》43:21 - 44:23
詩篇伴讀: 50 篇
新約伴讀:《羅馬書》8:1-13、《希伯來書》9:1-28、10:1-18、13:10-15

關於妥拉讀經的「分段」[1]，以及和本段妥拉信息相關所搭配的「先知書伴讀」[2]，這個讀經的傳統至少已有 1500 年的歷史。「詩篇伴讀」[3] 也是由猶太先賢們找出和本段妥拉信息、內容「能彼此呼應」的篇章作伴讀，目的也是讓讀經的人，能更加深對本段妥拉的經文理解。最後的「新約伴讀」則是作者參考幾個權威性的「彌賽亞信徒 (信耶穌的猶太人)」的網站 [4] 彙整而來。

以上的讀經方式: 猶太人 (包括信耶穌的猶太人，即所謂的彌賽亞信徒) 讀妥拉「搭配」一段與其經文「信息內容」相關的先知書、詩篇、以及新約經文，其實是一種「以經解經」的讀經方式。透過妥拉、以及所搭配的先知書伴讀、詩篇伴讀、新約伴讀，各處的經文彼此「互相呼應」、「前後融貫」，這些經文本身即能「架構出」一幅較為完整的圖像，提供一幅「全景式」的讀經視野。

此外，在各個節期中如: 逾越節、五旬節、住棚節……等，歷世歷代的猶太人也都有各自「選讀」的經文段落。在這些節期中，透過這些「選讀的經文」，也更能深刻地「對準」經文的深層意涵。[5]

---

[1] 關於妥拉讀經的「分段傳統」，另參 黃德光，《道成了肉身-約翰福音猶太背景註釋(2)》，夏華達研道中心，2019 年 10 月第一版，頁 194-201，〈第十二課、古代會堂的讀經傳統:讓人驚訝不已的彌賽亞聯繫〉。

[2] 妥拉讀經的分段及先知書伴讀的分段，筆者主要參考 Nosson Scherman. *The Humash-The Torah, Haftaros and five Megillos with a commentary anthologized from the rabbinic writings*. (חמשה חומשי תורה עם תרגום אונקלוס פרש״י הפטרות וחמש מגילות), Artscoll Mesorah Publications. 2016. 以及 Adin Even-Israel Steinsaltz. *The Steinsaltz Humash-Humash Translation and Commentary*.(חומש שטיינזלץ עם ביאורו של הרב עדין אבן-ישראל שטיינזלץ), Koren Publishers Jerusalem. 2018.

[3] 詩篇伴讀，見 Rabbi Menachem Davis.*The Book of Psalms with an interlinear translation*. (ספר תהלים שמחת יהושע) The schottenstein editon, Artscoll Mesorah Publications. 2016. Xix.

[4] 例如 *Hebrew for Christian*. , *Bibles for Israel and the Messianic Bible Project*., *First Fruits of Zion*.。書本的部份，見 David H. Stern. *Complete Jewish Bible*. Jewish New Testament Publications .1998.

[5] 詳見筆者拙作《奧秘之鑰-解鎖妥拉:耶和華的節期》，在本書中會把所有節期相關「選讀及伴讀的經文」羅列出來。

四、妥拉「標題」

行文中,每段妥拉的「標題」皆以「雙箭頭-粗體字」做標示,目的是要凸顯出這段妥拉的「主題信息」,因為每段妥拉的重點信息大抵都會圍繞在「標題」上,例如下文:

利未記第一段妥拉,標題<祂呼叫>。經文段落從利未記 1 章 1 節開始到 6 章 7 節結束。<祂呼叫>這個標題,在利 1:1:

『耶和華從會幕中 **呼叫** 摩西,對他說: 』

וַיִּקְרָא אֶל-מֹשֶׁה וַיְדַבֵּר יְהוָה אֵלָיו מֵאֹהֶל מוֹעֵד לֵאמֹר

<呼叫>這個動詞,出現在上面利 1:1 的第一個字,這個字-這個動詞,就是本段妥拉的標題。

在上一段妥拉:出埃及記的<總數>篇,出埃及記第 40 章提到了會幕的完工,這個由摩西帶領,藉著以色列集資奉獻的<總數>、團體合作的建設成果和工程:會幕,乃是被耶和華神大大喜悅的。

五、整段「淺灰」

行文中,若一些「字詞和概念」是筆者欲加強的閱讀重點,這些「字詞和概念」同樣會以「粗體字」作標示。若「一整個段落」是筆者認為的「重點內容」,那這「一整段」的文字會以「淺灰色」全部覆蓋,例如下文:

我們可以回顧一下<總數>篇,當會幕被豎立起來的時候,那個充滿「榮耀的」結尾,出埃及記 40:34-35:

『當時,雲彩遮蓋會幕,**耶和華的榮光充滿了帳幕。**
摩西不能進會幕;
因為雲彩停在其上,**耶和華的榮光充滿了帳幕。** 』

這裡注意,經文兩次提到了『**耶和華的榮光充滿了帳幕** 』甚至說到了這個榮耀太大,以至於連摩西當下都無法進到會幕裡面。

是的，會幕的出現，乃是一個歷史性的時刻，因為這是自從亞當、夏娃「犯罪」以來，耶和華神，**首次回到人間，來到地上「與人同住」**，會幕的出現，乃是初步體現和成就了「**神的帳幕在人間**」這一個救贖歷史的偉大工程，是神的國度在地上「要恢復」的一個里程碑。

因為，會幕的出現以及它所具備的重要功能，正好就是要來「修補和恢復」神與人之間那個長久以來的「破裂」關係。

六、問題與討論

每段妥拉最後的結尾，皆會提出五個問題，問題的設計主要是幫助讀者「複習」本段妥拉的重點信息，或更進一步激發讀者對本段妥拉內容作「更深層的思考」，底下，以利未記 No.1 妥拉 <祂呼叫> 篇為範例：

問題與討論：

1. 利未記第一段妥拉的標題叫<祂呼叫>。 神<**呼叫**>人來到祂面前人首先要做的是什麼，然後才能手潔心清的服事神？ 另外，利未記第一章開篇提到的第一種獻祭是什麼祭？ 這個祭有什麼重要性及其特別之處？

2. 從經文發展的脈絡來看，自摩西領以色列民出埃及，進入曠野後，為什麼耶和華神還要吩咐摩西和以色列百姓造出一個**會幕**？

3. **會幕** 最主要的作用和功能是什麼？ 而這個主要的功能和作用，其實也就是整部摩西五經(妥拉) 的核心。

4. 在利未記第一段妥拉中，五種獻祭裡面，經文著墨篇幅最多、也是最重要的獻祭是哪一個祭，這個祭和其他四種獻祭有何不同之處？ **彌賽亞(הַמָּשִׁיחַ)** 這個詞，在整本聖經第一次出現的地方在哪裡？ 這個字原來是什麼意思？

5. 在聖經當中，有哪些經文敘事 (哪些人、哪些事件) 是在呈現「**沾血的聖衣**」這個主題？ 又「**沾血的聖衣**」到底是在預表什麼？

七、妥拉讀經進度

如前文所述，妥拉的讀經進度，按照猶太人傳統，於一年內會把 54 段妥拉讀畢，若遇「節期」，譬如:逾越節、五旬節、住棚節…等等，也都會有相關的妥拉-先知書-詩篇和其他書卷的伴讀經文 **6**，如果讀者希望可以試行一年的妥拉讀經進度，可以掃描上面標題「妥拉讀經進度」右邊正方形的 QR code.將妥拉坊的妥拉讀經進度的 Google Calendar 嵌入，即可知道每週的讀經內容。

---

6 在猶太人的讀經傳統裡，不同的節期，會搭配不同的書卷一起伴讀，譬如在逾越節，猶太人會讀《雅歌》。到了五旬節，猶太人會讀《路得記》。住棚節，猶太人會搭配伴讀的書卷是《傳道書》。聖殿被毀日，猶太人會搭配《耶利米哀歌》一起伴讀。普珥節，猶太人則會伴讀《以斯帖記》。在贖罪日，猶太人會讀《約拿書》。關於節期搭配相關書卷伴讀的內容，詳參《奧秘之鑰-解鎖妥拉:利未記》No.6 妥拉<死了之後>篇之第四段「贖罪日與約拿」。

參考資料

寫作期間，除筆者自己對於（希伯來文）經文本身的思考之外，亦參考大量猶太-希伯來解經的註經書籍，撰寫過程中的許多想法和寫作方向很多都是「直接得益於」這些註經書籍，底下列出幾本權威性的著作：

Adin Even-Israel Steinsaltz. *The Steinsaltz Humash-Humash Translation and Commentary.*(חומש שטיינזלץ עם ביאורו של הרב עדין אבן-ישראל שטיינזלץ)，Koren Publishers Jerusalem. 2018.

Nosson Scherman. *The Humash-The Torah, Haftaros and five Megillos with a commentary anthologized from the rabbinic writings.* (חמשה חומשי תורה עם תרגום אונקלוס פרש״י הפטרות וחמש מגילות), Artscoll Mesorah Publications.2016.

Jonathan Sacks. *Covenant & Conversation Genesis：The Book of Beginnings.* Koren Publishers Jerusalem; First Edition, 2009.

Jonathan Sacks. *Covenant & Conversation Exodus：The Book of Redemption.* Koren Publishers Jerusalem; First Edition, 2010.

Jonathan Sacks. *Covenant & Conversation Leviticus：The Book of Holiness.* Koren Publishers Jerusalem; First Edition, 2015.

Jonathan Sacks. *Covenant & Conversation Numbers：The Wilderness Years.* Koren Publishers Jerusalem; First Edition, 2017.

Jonathan Sacks. *Covenant & Conversation Deuteronomy：Renewal of The Sinai Covenant.* Koren Publishers Jerusalem; First Edition, 2019.

Jonathan Sacks. *Ceremony & Celebration：Introductios to the Holidays.* Koren Publishers Jerusalem; First Edition, 2017.

Jonathan Sacks. *Lessons In Leadership.* Koren Publishers Jerusalem; First Edition, 2015.

Jonathan Sacks.*Essays on Ethics.* Koren Publishers Jerusalem; First Edition, 2016.

Nehama Leibowitz .*New Studies in Bereshit Genesis.*(עיונים חדשים בספר בראשית). The World Zionist Organization. 2010

Nehama Leibowitz .*New Studies in Shemot Exodus.*(עיונים חדשים בספר שמות). The World Zionist Organization. 2010

Nehama Leibowitz .*New Studies in Vayikra Leviticus.* (עיונים חדשים בספר ויקרא). The World Zionist Organization. 2010

Nehama Leibowitz .*New Studies in Bamidbar Numbers.* (עיונים חדשים בספר במדבר). The World Zionist Organization. 2010

Nehama Leibowitz .*New Studies in Devarim Deuteronomy.* (עיונים חדשים בספר דברים). The World Zionist Organization. 2010

Avigdor Bonchek，林梓鳳譯，《研讀妥拉:深度釋經指南》(*Studying the Torah: a Guide to In-Depth Interpretation*)，夏達華研道中心出版，2013 年 11 月。

什麼是「妥拉」？

摩西五經，又稱「妥拉」，希伯來文 (תּוֹרָה) 讀音 Torah，這個字的意思為「指引、引導」，英文為 instruction. (תּוֹרָה) 這個字究其「字根(ירה)」意義為「射擊」shoot. 或更進一步說，就是『射中靶心，射中目標』。[1]

顧名思義，妥拉就是耶和華神給以色列百姓的一套成聖「生活指南」，在這部生活寶典當中，耶和華神告訴他的子民，**應該「如何」生活、「怎麼」生活**。因此，耶和華神乃是透過妥拉，向世人表明 祂對「人」受造的心意: 是要人「活出」神「尊貴、榮美、聖潔」的形象和樣式 。

此外，妥拉也是整本聖經的第一部分，**是神話語的「全部根基」**，妥拉是耶和華神 向世人「自我啟示」的「第一手文獻」，是以「第一人稱」「親口吩咐」一切的 聖法-典章-律例，也是耶和華神與以色列百姓所訂的永恆「約書(סֵפֶר הַבְּרִית)」[2]。事實上整本聖經詳述耶和華神「直接說話」紀錄「頻率-密度最高」的正是在妥拉/摩西五經當中。

在妥拉這部文獻中，可以清楚了解「神的心意」、他「做事的法則」、以及 神在人類歷史中「運作的軌跡」，藉此顯明 耶和華神是「主導歷史」的主，他給「救贖歷史」的發展主軸作了一個「定調」，就是 耶和華神確立以色列作為「長子」的名分，以色列要在萬民中做屬神的子民，成為『祭司的國度、聖潔的國民』，為列國的光。耶和華神立他「聖名的居所」[3] 在以色列當中。而那將來要做以色列的王、彌賽亞耶穌，祂會從「以色列家-猶大支派-大衛」的後裔而出。耶和華神將迦南地賜給以色列百姓為「永久的產業」。**在末後的日子，耶和華神要在以色列身上「顯出」祂大能的權柄和榮耀。**[4] 以上，就是耶和華神，在妥拉裡，所架構出的一個救贖歷史的「格局和框架」，好讓世人有一個清楚、可依循的「引導、指南」。

所以，妥拉就「不只是」耶和華神對一個民族所說的話，**還更是耶和華神對於全人類的心意**，包含他所定下的 各個節期，和人類「救贖」大歷史的計畫。

---

[1] 關於「妥拉(תּוֹרָה)」一詞的詳細釋義，另見《奧秘之鑰-解鎖妥拉:利未記》No.10 妥拉<在我的律例>篇之第二段「律法與妥拉」。

[2] 出埃及記 24:7。

[3] 申命記 12:5,11,14,26, 16:2,6,7,11,15,16.。同參《奧秘之鑰-解鎖妥拉:申命記》No.4 妥拉<看哪>篇之第二段「立為祂名的居所」。

[4] 以西結書 36:23, 38:16,23。

同時，妥拉也不是一套墨守成規的律法、教條，就像文士、法利賽人所守的、所理解的那種方式，因為這正是耶穌所反對「面對妥拉的僵硬方式」。**妥拉乃是神的話語，是要『帶來生命和醫治』**。

正如約書亞記 1:8 所說：

> 『這**律法書** (原文是**妥拉**) [5]，不可離開你的口，總要晝夜思想，
> 好使你謹守遵行這書上所寫的一切話。
> 如此，**你的道路就可以亨通，凡事順利。**』

又如詩篇 1:2-3 所記載：

> 『惟喜愛耶和華的 **律法** (原文是**妥拉**)， 晝夜思想， 這人便為有福！
> 他要像一棵樹栽在溪水旁，**按時候結果子，葉子也不枯乾。**
> **凡他所做的 盡都順利。** 』

及至到了被擄歸回時期，尼西米、文士以斯拉回到耶路撒冷後，他們所做的第一件事仍是『**恢復神的律:妥拉**』。

尼西米記 8 章，描述了這一感人肺腑的重大時刻：

> 『到了七月，以色列人住在自己的城裏。
> 那時，他們如同一人聚集在水門前的寬闊處，
> 請文士以斯拉，將耶和華藉摩西傳給以色列人的 **律法書(妥拉)** 帶來。...
> 以斯拉站在眾民以上，在眾民眼前展開 **這書(妥拉)**。
> 他一展開，眾民就都站起來。...眾民聽見 **律法書(妥拉)** 上的話都哭了。 』

整本聖經，對妥拉是充滿「**積極正面**」的教導，這是當然的，因為那是『**耶和華神的話**』。

又如詩篇 19:7 說：

> 『耶和華的 **律法(妥拉) 全備，能甦醒人心。**』

來到新約，耶穌與妥拉 [6] (當然) 也是息息相關。

---

[5] **妥拉(תּוֹרָה)** 這個希伯來字在中文聖經多半被翻譯成「律法」，這其實並不是很好的翻譯。

[6] 同參《奧秘之鑰-解鎖妥拉:利未記》No.10 妥拉<在我的律例>篇之第三段「耶穌與律法」。

耶穌曾在約翰福音 4:22 親自提到 救恩的猶太根基，耶穌說：『你們所拜的你們不知道，我們所拜的我們知道，因為 救恩是從猶太人出來的。』

耶穌從『亞伯拉罕-以色列家-猶大支派-大衛的後裔』而出，耶穌「在世肉身」的身分，是個不折不扣的猶太人..正如保羅所說『列祖就是他們的祖宗；按肉體說，基督(彌賽亞) 也是從他們 (以色列) 出來的』羅馬書 9:5

耶穌在世，守安息日、上會堂，讀 (父神耶和華的) 妥拉、過父神耶和華的節期：逾越節、五旬節、住棚節……等等。在新約裡面，有許多地方記載耶穌「遵守妥拉」的典範 ，以及對妥拉「賦予新意」的教導：

首先、耶穌按照妥拉「受割禮」[7]，在聖殿中獻給父神。在路加福音 2:21-23 中寫道：『滿了 八天，就給孩子 行割禮，與他起名叫耶穌；這就是沒有成胎以前，天使所起的名。按摩西律法 (妥拉) 滿了潔淨的日子，他們帶著孩子上耶路撒冷去，要把他獻與主(父神耶和華)。正如主 (父神耶和華) 的律法 (妥拉) 上所記：凡頭生的男子必稱聖歸主。』

第二、耶穌運用妥拉中的教導，例如在路加福音 5:12-14 經文提到，當耶穌醫治完大痲瘋的病人後就對他說：『只要去給祭司查看，照摩西 (妥拉) 所規定的，獻上潔淨禮的祭物，好向他們作見證。』[8]

第三、在新約中，隨處可見耶穌遵守妥拉中「耶和華神所定下的節期」，譬如在馬太福音 26:17 中寫到耶穌守逾越節：「除酵節的第一天，門徒來問耶穌說：你吃「逾越節」的筵席，要我們在哪裡給你預備？」

事實上，耶穌來到世上的「道成肉身」的救贖工作，完全就是以「耶和華的節期」為中心展開。[9] 馬太福音 26:2 耶穌說『你們知道，過兩天是 逾越節，人子將要被交給人，釘在十字架上。』所以耶穌是「逾越節」被殺的羔羊，因為按照 父神耶和華的時間計畫表，耶穌在「逾越節」受難。耶穌在「初熟節」復活，所以耶穌成為『睡了之人初熟的果子』林前 15:20。最後，耶穌升天前囑咐門徒，要在耶路撒冷等候父神在「五旬節」的時候，將聖靈澆灌下來。使徒行傳 1:4

最後、耶穌在世 並沒有廢掉妥拉，乃是要成全妥拉。在馬太福音 5:17-18，耶穌說：

---

[7] 同參《奧秘之鑰-解鎖妥拉:利未記》No.4 妥拉<懷孕>篇之第五段「割禮的盟約」。

[8] 同參《奧秘之鑰-解鎖妥拉:利未記》No.5 妥拉<大痲瘋>篇之第五段「耶穌與大痲瘋」。

[9] 同參《奧秘之鑰-解鎖妥拉:利未記》No.8 妥拉<訴說>篇之第二段「節期的功能」。

『莫想我來要廢掉 律法/妥拉(תּוֹרָה) 和先知，

我來不是要廢掉，乃是要成全。

我實在告訴你們：就是到天地都廢去了，

律法/妥拉(תּוֹרָה) 的一點一畫 也不能廢去，都要成全。』

耶穌沒有廢掉妥拉，**耶穌要廢掉的 乃是** 文士和法利賽人所奉行的僵化的、人為的「律法主義」。因為耶穌其實把律法/妥拉的標準「**提的更高**」，直搗妥拉的核心，也就是人的心思意念。『凡看見婦女就動淫念的，這人「**心裡**」已經與她「**犯姦淫**」了。』馬太福音 5:28

事實上，在耶穌、門徒和初代彌賽亞會堂[10] 的時期，他們所讀的是「希伯來聖經」，至少摩西五經(妥拉)和先知書的部分都已成冊。所以提摩太後書 3:16 說的『**聖經** 都是神所默示的，於教訓、督責、使人歸正、教導人學義都是有益的， 叫屬神的人得以完全，預備行各樣的善事。』這裡的「**聖經**」，自然指的是：**妥拉、先知書**。

再來，在耶穌那個時候，也尚未有『受難日、復活節、聖靈降臨節…』這些後來人所制訂出來的節期；**耶穌和門徒們過的是妥拉中『耶和華的節期』**。

客觀忠實地回到聖經的文本和歷史脈絡中，**其實「耶穌自己」並沒有要自立於以色列先祖的「希伯來信仰的傳統」之外，另立「一個新的宗教」，並且自稱為這個「新宗教的教主」**，耶穌沒有這樣做。充其量我們最多只能說 耶穌是希伯來信仰中，一個最具革命性、帶來最深遠效應的一位 (在希伯來信仰體系中的) 宗教改革者，只是這位改革者的身分極其特殊，因為他乃是父神耶和華所差來的：[11]

『我與「父神耶和華」**原為一**。』約翰福音 10:30

我們說，基督徒信耶穌，是耶穌的跟隨者，那耶穌自己有沒有信仰？

答案是肯定的，耶穌相信父神 (耶和華)，耶穌說：

『我以「父神耶和華」的事 為念。』路加福音 2:49

又說：

『子憑著自己什麼也不能做，
只有看見「父神耶和華」所做的，子才能做，
因為「父神耶和華」所做的事，子也同樣地做。』約翰福音 5:19

再來看耶穌的〈主禱文〉就非常清楚，前三句話都是「指向」天父(耶和華神)：

『我們在「天上的父神耶和華」，
願人都尊「祢耶和華神的名」為聖，
願「祢耶和華神的國」降臨，
願「祢耶和華神的旨意」行在地上如同行在天上。』馬太福音 6:9-10

如果耶穌在地上，凡事都按照「父神耶和華的旨意」在行事，那我們應該就有必要去認真探詢和了解「父神 (耶和華) 的心意」為何？ 「父神耶和華做事的法則」是什麼？ 而這些，其實都已詳細地啟示-陳明在妥拉 (摩西五經) 當中。

因為，耶穌道成肉身，來到人世間的最終目的，是要把人「引向」父神耶和華那裏去，正如耶穌自己說的：

『我就是道路、真理、生命。
若不是藉著我，沒有人能到「父神耶和華」那裡去。』約翰福音 14:6

『因為我從天上降下來，不是要按自己的意思行，
乃是要按「那差我來者的」意思行。』約翰福音 6:38

『我的教訓，不是我自己的，
乃是「那差我來者」的。』約翰福音 7:16

這樣看來，作為聖子的耶穌，自然也就不可能會說出和父神耶和華「互相矛盾」的話語和教導出來，因為如詩人所言：

『耶和華啊，祢的話(妥拉) 安定在天，直到永遠。』詩篇 119:89

最後，用詩篇 119:1 這節經文來做一個小結：

『行為完全、**遵行耶和華律法 (妥拉)** 的，這人便為有福。』[12]

目錄

利未記
「文本信息」綜論

利未記，希伯來文的書卷名為(וַיִּקְרָא)，意思為「祂呼叫」He called.

在出埃及記的結尾提到「會幕」的完工，接下來，利未記就順理成章地提到耶和華神「**祂呼叫**」以色列百姓來到會幕、神的面前「來親近」祂、來侍奉祂。

但前提是人必須「手潔心清」，所以需要透過一群從百姓中「被特選出來」的祭司們，來操辦「獻祭-贖罪」的事宜，以「維持」以色列全體的「聖潔」，好讓先祖們所承接「修復世界」的任務，得以保持高檔並薪火相傳。

另外，從希伯來文字來看，「**獻祭-犧牲**」(קָרְבָּן) 的字根 (קרב)，其意思正好就是「**親近**」**to come near.** 所以這清楚地表明，人唯有藉著「認罪-贖罪」的方式才能「來到」神的面前、才能成為「聖潔」。因此，利未記的一個關鍵鑰句就是：

> 『所以你們要成為聖潔，
> 因為我 (耶和華神) 是聖潔的。』

整本利未記講述了，從耶和華神的觀點來看待「人類生活」各方面的聖潔，這體現在飲食、婚姻、社會、自然、甚至是「時間」上面。利未記 23 章是妥拉第一次有系統地講述「耶和華神的節期」，是一份聖潔生活的「時間作息表」，這些「約定好的時間」(מוֹעֲדִים) 乃是要告訴世人，務必要這些時間「分別出來」好「親近」祂，因為耶和華神會在這些節期，「宣告」 為「**聖會/ 神聖的呼喊和召集**」(מִקְרָאֵי קֹדֶשׁ)，「祂會呼叫」(וַיִּקְרָא) 這恰好就是利未記 希伯來文的書卷名。

利未記 No.1 妥拉

<祂呼叫>篇（פרשת ויקרא）

本段妥拉摘要：

利未記第一段妥拉標題<祂呼叫> 希伯來文(**ויקרא**)。<祂呼叫>這個標題同時也是利未記這卷書的希伯來文書卷名(**ספר ויקרא**)。其實<祂呼叫>這個名稱更適合利未記這卷書的名稱，因為這部書的內容，正好是在講述耶和華神<祂呼叫>祂的百姓:以色列，要成為「祭司」的國度、「聖潔」的國民，就是出埃及記 19:6 說的，當以色列百姓出埃及後，來到西奈山，隨後和耶和華神見面，耶和華立刻告訴他們，出埃及的最終目的，就是要來服侍我，成為我的子民。

所以，以色列在萬民中「作屬耶和華神」的子民，這就表示以色列有一個特別的「呼召」、一個特別的職分，而這個特別的職分和「所侍奉的具體」內容，就記載在利未記這卷書裡，這卷書就是在講述耶和華神<祂呼叫>以色列「要成聖」-「成為聖潔」的一本生活指南。

因此，利未記作為妥拉-摩西五經的「**核心-中心**」，確實利未記是被安置在五經的「中心」位置，它是整個五經裡面「最重要」的內容，這就很容易理解了，因為這卷書標誌著以色列在列國中所具有的一個「特殊的」使命、身分和命定，就是他們要成為一個有「聖所和祭司」的國度，來向世人顯明「**如何親近**」這位創造宇宙萬物的神: 耶和華。

利未記第一段妥拉<祂呼叫>，神一開始<呼叫>人來做什麼，就是來「**知罪、認罪**」，來「**悔改-贖**」自己的罪，這樣才能「修復」與神與人的關係，而人能「贖罪」唯有透過作為「**中保**」的祭司，他們所宰殺無辜的牲畜，藉著牠們的「**流血和獻祭**」的方式，才能得潔淨。

所以，利未記第一段妥拉<祂呼叫>篇一開始看到的，就是耶和華神在教導祂的百姓，如何透過各樣的「**獻祭**」來「**親近**」祂。

利未記 **No.1** 妥拉 ＜祂呼叫＞ 篇（פרשת ויקרא）

經文段落:《利未記》1:1 - 6:7
先知書伴讀:《以賽亞書》43:21 - 44:23
詩篇伴讀: 50 篇
新約伴讀:《羅馬書》8:1-13、《希伯來書》9:1-28、10:1-18、13:10-15

一、「認罪」與「獻祭」

利未記第一段妥拉，標題＜祂呼叫＞。經文段落從利未記 1 章 1 節開始到 6 章 7 節結束。＜祂呼叫＞這個標題，在利 1:1：

『耶和華從會幕中 呼叫 摩西，對他說： 』

וַיִּקְרָא אֶל-מֹשֶׁה וַיְדַבֵּר יְהוָה אֵלָיו מֵאֹהֶל מוֹעֵד לֵאמֹר

＜呼叫＞這個動詞，出現在上面利 1:1 的第一個字，這個字-這個動詞，就是本段妥拉的標題。

在上一段妥拉:出埃及記的＜總數＞篇，出埃及記第 40 章提到會幕的完工，這個由摩西帶領，藉著以色列集資奉獻的＜總數＞、團體合作的建設成果和工程:會幕，乃是被耶和華神大大喜悅的 。

我們可以回顧一下＜總數＞篇，當會幕被豎立起來的時候，那個充滿「榮耀的」結尾，出埃及記 40:34-35：

『當時，雲彩遮蓋會幕，耶和華的榮光充滿了帳幕。
摩西不能進會幕；
因為雲彩停在其上，耶和華的榮光充滿了帳幕。 』

וַיְכַס הֶעָנָן אֶת-אֹהֶל מוֹעֵד **וּכְבוֹד** יְהוָה מָלֵא אֶת-**הַמִּשְׁכָּן**
וְלֹא-יָכֹל מֹשֶׁה לָבוֹא אֶל-אֹהֶל מוֹעֵד
כִּי-שָׁכַן עָלָיו הֶעָנָן **וּכְבוֹד** יְהוָה מָלֵא אֶת-**הַמִּשְׁכָּן**

這裡注意，經文兩次提到『耶和華的榮光充滿了帳幕 』甚至說到了這個榮耀太大，以至於連摩西當下都無法進到會幕裡面。

是的，會幕的出現，乃是一個歷史性的時刻，因為這是自從亞當、夏娃「犯罪」以來，耶和華神，**首次回到人間，來到地上「與人同住」**，會幕的出現，乃是初步體現和成就了「**神的帳幕在人間**」這一個救贖歷史的偉大工程，是神的國度在地上「要恢復」的一個里程碑。

因為，會幕的出現以及它所具備的重要功能，正好就是要來「修補和恢復」神與人之間那個長久以來的「破裂」關係。

因此，按著妥拉「標題」的分段來說，上一段 <總數>篇 出埃及記的結尾，以色列百姓奉獻的<總數>被用來 **建造會幕**，那麼 **會幕完工**、被豎立起來後，順利成章地就是來到利未記的第一段妥拉，耶和華神 **在會幕裡** <呼叫> 摩西，<呼召>全體以色列百姓，因此利未記第一段妥拉的標題，恰好正是耶和華神<祂呼叫>。

耶和華神 <呼叫-呼召> 以色列百姓要來到會幕前，或者說，來到神面前**來親近祂、敬拜祂、事奉祂**。但前提是人必須要「謙卑」，要「**自我降卑**」才能來到神的面前，有意思的是，在希伯來文的抄本裡，經常會把利未記 1:1 的第一個字，也是<祂呼叫>(וַיִּקְרָ֖א)這個動詞的最後一個字母 Alef (א) 寫的比較小一些。

> 『耶和華從會幕中 **呼叫** 摩西，對他說：』
> וַיִּקְרָ֖א אֶל-מֹשֶׁה וַיְדַבֵּר יְהוָה אֵלָיו מֵאֹהֶל מוֹעֵד לֵאמֹר

這個縮小的 **Alef (א)** 就是代表人的謙卑，人在上帝面前的「渺小」，有了這個謙卑，那麼就可以更進一步來說，神 <呼叫-呼召> 以色列百姓來到會幕的真正目的，其實就是要「**認自己的罪**」，因為：

> 『人非聖潔，沒有人能見主』希伯來書 12:14

所以，人若是要來到神的面前，親近神，那麼就要先承認、來面對、並且處理自己的罪，唯有透過「認罪-獻祭-贖罪」的這個過程，人才能成為聖潔，佇立在神的面前。因此，回到標題，耶和華神<祂呼叫>，是要<呼叫-呼召>百姓來到祂面前「認罪-悔改-獻祭」，因此利未記第一段妥拉<祂呼叫>，內容開宗明義、開門見山就是直接羅列出處理各樣的「犯罪-過錯」，以及各種不同「獻祭」的方式。

利未記第一章一開始提到的第一個祭，叫做「**燔祭**」，希伯來文(עֹלָה)，這個字的

意思是「**提高-提升**」[1]。

> 『祭司就要 **把一切全燒在壇上，當作 燔祭，**
> **獻與耶和華為馨香的火祭。**』利 1:9

燔祭 是唯一一個，需要把祭物，也就是牛、羊的肉，牠的所有部位、器官「**全部燒掉**」的一種祭，這就象徵，一個人好像把他自己的罪，他的老我、邪情私慾都帶到祭壇前「**全部燒掉**」，從而將自己的身-心-靈再一次地「**完全獻上**」，使得自己的靈命得到「**提升**」。

因此「**燔祭**」更貼近希伯來文字面上的翻譯應該是「**提升-拉高祭**」，一方面指的是那個被帶來獻祭的牛羊，完全地燒在壇上，其所產生的馨香之氣，飄到上方、「**升高**」到喜悅這祭物的神那裡，二方面「**燔祭**」也是代表獻祭的這個人他願意「**全然獻上**」自己，順服在神的面前，使自己低沉的靈命再次得到「**提升**」。

這樣一個「全部燒掉、完全獻上」的獻祭: 燔祭，神是非常喜悅的，這也就可以解釋，為什麼利未記第一章，會把燔祭放在第一個順位來說。

最後，我們用 羅馬書 12:1 做一個小結: 『所以，弟兄們，既然上帝這樣憐恤我們，**將身體獻上，當作活祭，是聖潔的，是上帝所喜悅的**；你們如此事奉乃是理所當然的。』

二、 為什麼需要有「會幕」？

> 『耶和華從 **會幕** 中 **呼叫** 摩西，對他說：』利 1:1
> **וַיִּקְרָא** אֶל-מֹשֶׁה וַיְדַבֵּר יְהוָה מֵאֹהֶל **מוֹעֵד** לֵאמֹר

上面這一節經文，除了<呼叫> 這個動詞是本段妥拉的標題之外，另一個關鍵字就是:**會幕 (אֹהֶל מוֹעֵד)**。

我們可以來問一個問題，就是:為什麼耶和華神要吩咐摩西和以色列百姓造一個**會幕**？

---

[1] 燔祭(**עֹלָה**) 的字根(**עלה**)意思是「上升-提升-拉高」，所以正確的英文翻譯應為 **Elevation Offering**.

要回答這個問題，得先回到出埃及記，回顧一下，當以色列百姓來到西奈山，初次和耶和華神相會面，準備要領受十誡和聖法的一個「驚駭恐怖」的景象，出埃及記 19:16-22：

『在山上有 **雷轟**、**閃電**，和 **密雲**，並且 **角聲**甚大，營中的百姓 **盡都發顫**。
...西奈 **全山冒煙**，因為耶和華在火中降於山上。
山的煙氣上騰，如燒窯一般，**遍山** 大大地震動。
耶和華對摩西說：
「你下去囑咐百姓，不可闖過來到我面前觀看，恐怕他們 **有多人死亡**；
又叫親近我的祭司自潔，恐怕我 **忽然出來擊殺** 他們。」』

在這段經文描述中，很清楚可以看到，這是一幅：一個「**超越**」時間和空間、「**創造**」天地宇宙萬物的偉大造物者：「**無限-全能-榮耀**」的耶和華神，祂正「**降臨-臨在**」在祂所創造的地球上、一座山上。

一個比浩瀚宇宙還要「**無限、巨大**」的上帝，如何「**臨在-顯現**」在一個「**有限-渺小**」的空間和向度裡，這實在是無法想像的，我們最多只能想像，上帝就好像是一個具有，超過人類所能想像得到的一種無敵「超巨大」能量，如同核子彈，或是「能扭曲」時空結構的黑洞能量。

因此，當耶和華神巨大的「**神聖臨在**」，這個 **Shekhinah (שְׁכִינָה)** [2] 發生的時候，那麼存在在時-空結構中的物質界的我們，也就是有限的人、以及我們的肉身，自然是「**無法承受**」神的顯現和同在。所以，以色列百姓才對摩西說：

「求你和我們說話，我們必聽；
不要上帝和我們說話，恐怕我們死亡。」出埃及記 20:19

以色列百姓說的話是很真實的，**因為人的有限和肉身**，或者更具體地說，人的罪性，是「**無法承受**」上帝巨大的神聖和榮耀的。

然而，以色列百姓還是非常需要，仰賴依靠耶和華神，特別是在他們離開埃及，開始在艱難的、生存條件極其惡劣的曠野徒步遷徙的時候。簡單來說，以色列百姓希望神「**住在**」他們當中，與他們隨時「**同在**」。

而這也正是「金牛犢事件」之所以會發生的原因所在，當這位唯一能來到耶和華神面前，向以色列百姓傳達神諭，並帶領前方道路的摩西，遲遲沒有從西奈山下

---

[2] **Shekhinah (שְׁכִינָה)** 字根為 **(שכן)** 意思為「居住-住在」，見出埃及記 29:45『**我要住在 (וְשָׁכַנְתִּי)** 以色列人中間，作他們的上帝。』

來，百姓以為他「失蹤-不見」的時候，所有人都恐慌了，甚至包括摩西的哥哥亞倫。

摩西「不在」，對百姓來說，等同於「失去」耶和華神的帶領和保守，因為只有摩西一個人能來到神的面前，也只有摩西一個人能直接聽到耶和華神的<呼叫>和說話的聲音，正如這段妥拉利 1:1 所說的『耶和華從會幕中<呼叫>摩西，對他說：』

傳統的猶太解經和詮釋認為，耶和華神之所要摩西吩咐以色列百姓建造會幕，乃是要立即回應和解決「金牛犢」所帶來的信仰危機和靈性問題，因此就事件發生的「時序」來說，是先經歷了金牛犢事件，然後耶和華神才趕緊吩咐摩西下山，號召百姓集資奉獻蓋會幕。

會幕的興建，正是要消除百姓的恐懼，讓以色列人知道，神隨時與他們「同在」。這就是出埃及記 25:8 說的：

> 『又當為我造聖所，**使我可以住在** 他們中間。』
> וְעָשׂוּ לִי מִקְדָּשׁ **וְשָׁכַנְתִּי** בְּתוֹכָם

另一處經文，在出埃及記 29:42-43：

> 『這要在耶和華面前、**會幕**門口，作你們世世代代常獻的燔祭。
> 我要在那裏(**會幕**) 與你們相會，和你們說話。
> 我要在那裏(**會幕**) 與以色列人相會，
> **會幕** 就要因我的榮耀成為聖。』

因此，會幕這個奇特的空間，就是一個「**連結**」天界和地界的交界處，是一個「**中介-緩衝**」區，它使得一個「超越又神聖」的上帝，得以「臨住」在一個「有限-物質」的地上。

會幕的建造和出現，其實是耶和華神給予以色列百姓的一個恩典和憐憫，因為祂不再讓以色列百姓對於神感到恐懼和害怕，就像他們在西奈山所經歷的那樣，現在有了會幕，人們可以「安全地」來到神的面前，來親近祂。

只不過，是要按照耶和華神「所定規的」方式，一個既定的流程，也就是在會幕裡，透過「**獻祭-贖罪**」的路徑，人們才可以正確地來到神面前，親近神；而不是隨隨便便地、按著「自己人意」的方式來到神面前。

加拉太書 6:7：『因為我們的神，是**輕慢不得的**。』

三、 處理罪的戰場

『世人都犯了罪。**罪的工價** 乃是 **死**。』羅馬書 3:23、6:23

耶和華神給以色列百姓設立會幕「獻祭-贖罪」的制度，乃是表達出神對人的「**憐憫和恩典**」。可以說，整部摩西五經(妥拉) 的核心其實也就是「**獻祭**」，這顯明了一個事實，就是:耶和華神知道以色列百姓沒有能力，完全地去遵行妥拉，他們沒有辦法完全達到耶和華神所要求的「公義和聖潔」。因此，獻祭制度乃是宣告神的恩典，以及，神願意「**寬恕**」祂百姓的犯罪和過錯。

但是為了要讓百姓清楚而且是 **具體地感受到「罪的代價」**，所以，耶和華神告訴以色列人，必須要透過「**獻祭-流血**」的方式才能「償還」，或者說，才能「贖」你所犯的罪。

簡單說，就是當你「犯罪」的時候，一定要有一個活物的生命，去「背負」你的罪，「代替」你死，透過這頭「無辜的」牲畜，牠失去生命所流出來的「血」來償還你的罪，這個，就叫做「獻祭和贖罪」。這是耶和華神在妥拉(摩西五經)裡面所設定的一個最關鍵核心的聖法：

『因為活物的生命是在 血 中。
我把這 血 賜給你們，可以在壇上為你們的生命 **贖罪**；
因 血 裏有生命，所以能 **贖罪**。』利 17:11

血 這個字，希伯來文(**דָם**) 讀音 **dam**. 是一個非常重要的單字，光是在利未記第一段妥拉中，利未記第一章到第六章第七節，就出現了 17 次之多，整卷創世記不過才出現 10 次，出埃及記有 22 次。

血 這個字之所這麼頻繁地出現在這段妥拉中，當然是因為這段妥拉，經文所要處理的內容重點就是「**獻祭**」，以及在會幕裡面的「**屠宰**」活動。

事實上，**會幕就像是一個「血腥」的戰場，是處理人類「罪孽」的戰場**。因著你

所犯的罪，你必須要把你從小細心呵護養到大的這頭牛、或是一隻羊，帶到會幕，給祭司「屠宰」，當這頭牲畜在你面前哀號、流淚、掙扎、全身抽搐，到最後 流血、死亡，將牠放在祭壇上 燒盡 的時候，你是完全可以體會和感受到這頭牛和這隻羊的痛苦，這個，就是「罪的代價」，一個無辜的生命「代替」你死，為你「償還」罪價。

這也就是為什麼耶和華神要設立「會幕-獻祭」制度這個聖法的原因，**因為神要讓人意識到「罪的嚴重性」，以及「犯罪的高昂代價」，目的是要叫人不要隨便-輕意地去做惡和犯罪。**

所以，從會幕的門口進去，第一個出現在百姓眼前的就是「燒燬」獻祭所使用的**燔祭壇**，希伯來文(מִזְבַּח הָעֹלָה) [3]，就非常合理了，因為會幕，這個特殊的神聖空間，就是要提醒以色列百姓，這裡是「獻祭」的地方，是一個處理「罪」的血腥戰場。其實會幕應該是一個「血腥味」很重的地方。

在這段妥拉中，我們也看到祭司獻祭，這些牲畜的 血 會被灑會幕門口、或是在燔祭壇邊、或者是將 血 彈在會幕裡面聖所的幔子上、或是抹在香壇的四個角上⋯⋯等等。

在前面利 17:11 的經文中我們看到，血 代表「生命」，可以「贖罪」，因此血在整個獻祭的儀式過程中，祭司都不會拿去燒掉，當然，也不能拿來吃，因為在整個「獻祭-贖罪」的過程中，「**祭物的血**」乃是歸耶和華為聖的聖物，因為這血是貴重的，牠是無辜的牲畜「代替你死」，所「為你償還」的罪價。利 17:11：

『因此，我對以色列人說：你們 都不可吃血；
寄居在你們中間的外人 也不可吃血。』

---

[3] 關於「燔祭壇」的經文內容，見出埃及記 27:1-8。

四、 作為「中保」的大祭司

在利未記第一段妥拉的經文中，我們看到一個真理，就是: 人「**沒有辦法**」為自己贖罪，人的罪，一定要夠過一個「他者」，來做「代贖」的動作才可以完成。

下面來看幾處經文，利 4:20, 26, 31, 35：

> 『祭司要為他們贖罪，他們必蒙赦免。』
> 『至於他的罪，祭司要為他贖了，他必蒙赦免。』
> 『(祭司) 為他贖罪，他必蒙赦免。』
> 『至於所犯的罪，祭司要為他贖了，他必蒙赦免。』

上面這四節的經文，都是以「同一種句型」出現的，叫做：

> 『祭司要為他/他們贖了，他/他們必蒙赦免』
> וְכִפֶּר עָלָיו /עֲלֵהֶם הַכֹּהֵן, וְנִסְלַח לוֹ/ לָהֶם

當以色列百姓要「獻祭-贖罪」的時候，他們不可以隨便在任何一個地方，譬如說:在家裡，或是就近找一塊空地，「自己」殺羊宰牛「做獻祭-贖罪」的動作。正好相反，當百姓犯罪時，他們必須要把牲畜，**帶到會幕**，**拿到祭司面前**，**讓祭司來執行**「**獻祭-贖罪**」的神聖侍奉。

因此，**祭司** 的角色就很清楚了，他是作為「神-人」之間的一個唯一的橋樑、一位非常重要的「**中保**」，他的工作是極端神聖的，因為他要「肩負」全體百姓所有的罪，來到公義的耶和華神面前，替眾人代贖，替所有人來執行並完成「獻祭-贖罪」的重大事宜。

在利未記第一段妥拉中，五種獻祭裡面，經文著墨篇幅最多、也是最重要的，是在利未記第四章開始提到的「**贖罪祭**」希伯來文叫 (**חַטָאת**)。

首先、贖罪祭，是五種獻祭裡面，唯一一個需要大祭司自己「染血-沾血」的獻祭，也只有在贖罪祭，**大祭司必需將牲畜的血「帶進會幕」**的聖所裡，將血「彈在」聖所的幔子上，以及「塗抹在」幔子前面的香壇的四個角上面。

> 『受膏的祭司(大祭司) 要取些 公牛的血 帶到會幕，
> 把指頭 蘸於血中，在耶和華面前對著聖所的幔子 彈 血七次，
> 又要把些血 抹在 會幕內、耶和華面前香壇的四角上，
> 再把公牛所有的血 倒在 會幕門口、燔祭壇的腳那裏。』利 4:5-7

這裡我們看到，取公牛的血、指頭沾血、彈血、把血抹在香壇的角上，倒血……等等這些動作，全部是由這位「受膏的祭司」，也就是大祭司「一個人」完成，也「只有他」才能執行這項神聖的服事。

再來 贖罪祭 和其他獻祭不一樣的第二個重點在於，當這一位祭司，是需要為自己，以及接著為「全體百姓」來做贖罪祭的祭司時，經文還特別加上了「受膏的」一詞，這是在另外四種獻祭經文裡看不到的。

我們來看利未記 4:3, 5, 16 這三處的經文：

> 『受膏的祭司 犯罪，使百姓陷在罪裏，
> 就當為他所犯的罪把沒有殘疾的公牛犢獻給耶和華為贖罪祭。』
> 『受膏的祭司 要取些公牛的血帶到會幕，』
> 『受膏的祭司 要取些公牛的血帶到會幕，』

所謂「受膏的祭司」希伯來文叫 (הַכֹּהֵן הַמָּשִׁיחַ)，指的其實就是「大祭司」。上面的經文讓我們明白，當所獻的祭，是關乎到「全體百姓」的贖罪祭時，那麼這個贖罪祭就「只能由大祭司」一個人來執行，普通的祭司和利未人是不能做的。

第三、「受膏的祭司」這個詞組當中，「受膏的」這一個字，希伯來文就是(הַמָּשִׁיחַ)讀音 Ha'ma'shiah. 也就是英文的 the Messiah.，中文翻譯的「彌賽亞」就是這個字，原來的意思是:受膏的、或 受膏者。

受膏的(הַמָּשִׁיחַ) 這個希伯來字，在整本希伯來聖經中，第一次出現的地方，正好就是在利未記的第一段妥拉<祂呼叫>篇裡面，在利未記的 4:3 節，出現在這一節的經文裡面，其實意義非常重大，因為這節經文正是在預表，或事先預告後來出現那位更完全、神聖的大祭司: 彌賽亞 耶穌。

中文和合本聖經利 4:3 的經文，是這樣翻譯的：

> 『受膏的祭司犯罪，使百姓陷在罪裏，
> 就當為他所犯的罪把沒有殘疾的公牛犢獻給耶和華為贖罪祭。』

再來看利 4:3 的希伯來文，我們把重點放在前半句：

『受膏的祭司犯罪，使百姓陷在罪裏』

אִם הַכֹּהֵן הַמָּשִׁיחַ יֶחֱטָא לְאַשְׁמַת הָעָם

這一句話最關鍵的一個介係詞就是這個(לְ) 讀音 le，有「為了」的意思，英文就是 **to, for**，而前面的「犯罪」(יֶחֱטָא) 這個動詞，順著前面的主詞，直接翻譯下來是『受膏的大祭司-犯罪』，但這裡有些解經的傳統提出另一種詮釋，就是：

其實這裡並不是說大祭司自己做了什麼過錯而「犯罪」，而是因為他「**肩負-代替**」了所有「**百姓的罪愆**」，而因此「**被看作是**」有罪的，所以在 (לְ) 這個介係詞的後面的這個詞組 (אַשְׁמַת הָעָם) 指的就是「百姓的罪愆」。

所以，利 4:3 如果重新翻譯和詮釋的話就是：

『受膏的祭司 **被當作是有罪的，是為了肩負-替代 全體百姓的罪愆**，
就當為他所承擔-背負的罪，把沒有殘疾的公牛犢獻給耶和華為贖罪祭。』

若是這樣來裡解 利 4:3 所隱含的啟示和亮光，那麼這一節經文，其實已經預告了後來出現的那位「**大祭司-彌賽亞**」耶穌自己所獻的**贖罪祭**，是為「**全人類的罪愆**」所獻的。

最後，我們用以賽亞書 53:4-6 來做一個小結：

『他誠然 **擔當我們的憂患，背負我們的痛苦**；
我們卻以為他受責罰，被上帝擊打苦待了。
哪知 **他為我們的過犯 受害，為我們的罪孽 壓傷**。
因他受的刑罰，我們得平安；因他受的鞭傷，我們得醫治。
我們都如羊走迷；各人偏行己路；
耶和華 **使我們眾人的罪孽 都歸在他身上**。』

五、「沾血」的聖衣

很多在妥拉(摩西五經) 當中發生的事件和經文敘事，其實都有預表的。譬如說：「沾血的彩衣」和「救贖」的這一個主題。

首先、讓我們回顧一下創世記，在創世記 37 章那裡記載，雅各在 12 個兒子當中特別寵愛約瑟，給約瑟做了一件彩衣。創世記 37:3-4『以色列原來愛約瑟過於愛他的眾子，因為約瑟是他年老生的；他給約瑟做了 一件彩衣。約瑟的哥哥們見父親愛約瑟過於愛他們，就恨約瑟，不與他說和睦的話。』

因著父親雅各的偏愛，再加上約瑟告訴哥哥們所做的那兩個夢，說：將來哥哥們都會向他下拜，結果就遭來哥哥們的仇恨和殺機，但最後哥哥們決議，把約瑟賣了，讓約瑟從此人間蒸發。不過哥哥們卻又要編造一個謊言，來向年邁的父親雅各合理地說明，為什麼摯愛的兒子約瑟失蹤了。這就是創世記 37:31-33 提到哥哥們所做的：

『他們宰了一隻公山羊，把約瑟的 那件彩衣 染了血 [4]，打發人送到他們的父親那裏，說：「我們撿了這個；請認一認是你兒子的外衣不是？」雅各認得，就說：「這是我兒子的外衣。有惡獸把他吃了，約瑟被撕碎了！撕碎了！」』

按著創世記 37 章的經文故事繼續發展，我們知道，約瑟並沒有被野獸吃掉，而是被哥哥們賣掉了，但是約瑟這一件「沾血的彩衣」卻成了「救贖」的記號。

因為「約瑟被賣」的這一事件，乃是耶和華神為了要「拯救」雅各全家的一個奧秘計畫。因此，身為雅各「所愛的兒子」：約瑟的「被賣」[5]，以及原來約瑟身上所穿的，那貴重華美的「彩衣」被哥哥們「沾了血」，這些，都成為了「救贖」的行動和記號。

直到最後，雅各和哥哥們才在埃及「彼此相認」，知道原來那位當年被賣的、父親雅各最心愛的兒子：約瑟，那位身穿「沾血的彩衣」的約瑟，竟然就是眼前的這位埃及的宰相。現在的約瑟，成為了全家的「拯救者」。

正是「約瑟被賣」的事件，開啟了妥拉當中，「沾血的彩衣/聖衣」是預表「救贖」的記號這一系列的主軸。

---

[4] 「把那件彩衣染了血」希伯來文(וַיִּטְבְּלוּ אֶת-הַכֻּתֹּנֶת בַּדָּם)
[5] 正如耶穌，他是父神耶和華「所愛的兒子」，他同樣也被一個叫名叫猶大的門徒「賣掉」。

『你要從以色列人中，使你的哥哥亞倫和他的兒子拿答、亞比戶、以利亞撒、以他瑪一同就近你，給我供祭司的職分。你要給你哥哥亞倫做 聖衣 (בִּגְדֵי-קֹדֶשׁ)為榮耀，為華美。』出埃及記 28:1-2:

第二、來到利未記的第一段妥拉，我們也看到一個更深一層的預表，就是:約瑟「沾血的彩衣」其實也是在預表 大祭司 亞倫那「榮耀華美的聖衣」。

當大祭司亞倫穿著這件榮耀、華美、潔白的聖衣時，是要進入會幕裡面，「操刀-屠殺」牲畜而且「沾血」，這是為著全體以色列百姓「獻祭-贖罪」而必須做的，因此，大祭司那美麗的聖衣，在「獻祭-贖罪」的過程中，會成為一件「沾血的榮耀聖衣」，這乃是為了全以色列家的「拯救」的結果。

第三、接著要說的是:大祭司的「榮耀華美的聖衣」也在進一步預表「彌賽亞耶穌的拯救」，以賽亞書 61:10:

『我因耶和華大大歡喜；我的心靠上帝快樂。
　　因他給我 穿上 拯救的衣服，為我 披上 公義的外袍，
　　　好像新郎戴上華冠，又像新婦佩戴妝飾。』

שׂוֹשׂ אָשִׂישׂ בַּיהוָה תָּגֵל נַפְשִׁי בֵּאלֹהַי
כִּי הִלְבִּישַׁנִי בִּגְדֵי-יֶשַׁע מְעִיל צְדָקָה יְעָטָנִי
כֶּחָתָן יְכַהֵן פְּאֵר וְכַכַּלָּה תַּעְדֶּה כֵלֶיהָ

上面的經文很形象化地提到 使我「穿上」(הִלְבִּישַׁנִי) 這個動詞，穿上什麼？ 穿上這件「拯救衣」(בִּגְדֵי-יֶשַׁע) [6] 白話地翻義，其實就是「救身衣」，另外又講到為我「披上」(יְעָטָנִי) 這個動詞，披上什麼呢? 披上一件「公義的外袍」(מְעִיל צְדָקָה)

以賽亞書 61:10 這段經文，預表彌賽亞:耶穌第一次來到地上，祂如同一位完美的大祭司，穿著「榮耀-華美的聖衣」，**進到至聖所，為著眾人，獻上贖罪祭、挽回祭，然而耶穌自己，就是那位「被獻祭」的完美祭物。**

因此，因著耶穌上十字架，**所流出的寶血**，以及祂那被「**自己的寶血所沾染的聖衣**」，同時也就成為一件「**拯救衣、公義袍**」讓我們這些信祂的人得以穿上，得蒙「拯救」，這就是加拉太書 3:27 所說的:

---

[6] 「拯救衣」(בִּגְדֵי-יֶשַׁע) 的 拯救 (יֶשַׁע) 其字根正好就是 耶穌 的希伯來名字(יֵשׁוּעַ)，所以這也好像是在說「穿上基督、披戴基督」。

『你們受洗歸入基督/彌賽亞的，都是 披戴 基督/彌賽亞了 [7]。』

最後一點要說的是，以賽亞書 61:10 的經文除了預表彌賽亞第一次來，其實也是在預言並講述，末後的日子「以色列全家」都要「得救」的一幅偉大又榮耀的景象，是猶太人的王:彌賽亞耶穌，與自己的子民:猶太人「相認」的動人時刻。[8] 然而這個「彼此相認」，同時間也會伴隨著極大的痛苦如產難一般，也就是撒迦利亞書 14:2-3 所說的:

『因為我 (耶和華) 必聚集萬國與耶路撒冷爭戰，

...那時，耶和華必出去與那些國爭戰，好像從前爭戰一樣。』

若是將上面這段經文關聯到啟示錄的話，那就很清楚了，這其實就是一幅描繪「彌賽亞復臨」，身穿「濺血的白衣」要來替以色列征戰、並且審判列國的畫面，啟示錄 19:11-14:

『有一匹白馬，騎在馬上的稱為誠信真實，

他「審判-爭戰」，都按著公義。...

他穿著「濺了血 的 衣服」;

他的名稱為上帝之道。

在天上的眾軍騎著白馬，穿著細麻衣，又白又潔，跟隨他。』[9]

---

[7] 「披戴 基督/彌賽亞」這句話的希伯來文的譯本為 (לִבְשְׁתֶּם אֶת הַמָּשִׁיחַ) 動詞使用的正是「穿 (לבש)」這個動詞，和以賽亞書 61:10 的『穿上拯救衣』的「穿上」是同字根。

[8] 關於彌賽亞與以色列民的「彼此相認」，詳見《奧秘之鑰-解鎖妥拉:創世記》No.11 妥拉<挨近>篇之第四段「兄弟相認的預表」。

[9] 同參以賽亞書 63:1-4『這從以東的波斯拉來，穿紅衣服，裝扮華美，能力廣大，大步行走的是誰呢?就是我，是憑公義說話，以大能施行拯救。你的裝扮為何有紅色?你的衣服為何像踹酒醡的呢?我獨自踹酒醡;眾民中無一人與我同在。我發怒將他們踹下，發烈怒將他們踐踏。他們的血濺在我衣服上，並且污染了我一切的衣裳。因為，報仇之日在我心中;救贖我民之年已經來到。』

15

問題與討論：

1. 利未記第一段妥拉標題為<祂呼叫>。 神<呼叫>人來到祂面前人首先要做的是什麼，然後才能手潔心清的服事神？ 另外，利未記第一章開篇提到的第一種獻祭是什麼祭？ 這個祭有什麼重要性及其特別之處？

2. 從經文發展的脈絡來看，自摩西領以色列民出埃及，進入曠野後，為什麼耶和華神還要吩咐摩西和以色列百姓造出一個**會幕**？

3. **會幕** 最主要的作用和功能是什麼？ 而這個主要的功能和作用，其實也就是整部摩西五經(妥拉) 的核心。

4. 在利未記第一段妥拉中，五種獻祭裡，經文著墨篇幅最多、也是最重要的獻祭是哪一個祭，這個祭和其他四種獻祭有何不同之處？ **彌賽亞(הַמָּשִׁיח)** 這個詞，在整本聖經第一次出現的地方在哪裡？ 這個字原來是什麼意思？

5. 在聖經當中，有哪些經文敘事 (哪些人、哪些事件) 是在呈現「**沾血的聖衣**」這個主題？ 又「**沾血的聖衣**」到底是在預表什麼？

利未記 No.2 妥拉

<吩咐/命令>篇 (פרשת צו)

本段妥拉摘要:

利未記第二段妥拉標題<吩咐/命令>,希伯來文(צו)。

在上一段妥拉<祂呼叫>篇,耶和華神告訴以色列百姓可以獻的五種祭,有燔祭、素祭、平安祭、贖罪祭、贖愆祭等等。

來到<吩咐-命令>篇這段妥拉,耶和華神則是把重點放在「祭司們」身上,因為能在會幕裡供職,「代替」以色列百姓執行牲畜的「宰殺-放血」並且完成「獻祭-贖罪」的,就是這些身為「中保」的祭司們,如果這些祭司,沒有「完全按照」耶和華神所<吩咐-命令>的一切指示來侍奉和工作,或者說,沒有「全然遵照」耶和華神的心意來代替以色列百姓獻祭,那麼,祭司們所獻的祭就是不合格、是不蒙神悅納的,若是這樣,這將會給百姓帶來災難。

所以,現在這個時候,耶和華神透過摩西要來「徵召-召集」這些準祭司們,也就是亞倫和他的兒子們,要來到會幕前,跟著摩西學習一切「獻祭」的相關事宜,並且要在會幕裡面集訓七天的時間,在這七天的訓練過程中,亞倫跟他的兒子們要「承接聖職」,從耶和華神、摩西那裡承接這一個「貴重的」職分:也就是作為「中保」的侍奉。

因為祭司們要「肩負」以色列全體百姓的靈命,他們的工作會直接影響到百姓,嚴重的話,甚至可以說是會影響到百姓的「生死存亡」,所以祭司們在會幕、在耶和華神面前的侍奉,就必須要**「非常嚴謹」**、他們自己要**「非常警醒」**,絕對不能隨便和馬虎,一切的服事都不能帶著自己「人的」意思,和自己「人的意念」來服事,正好相反,一切的侍奉都要照著耶和華神所<吩咐-命令>的指示來行,正如這段妥拉最後一節的經文 (利 8:36) 所說的:

『亞倫和他兒子行了耶和華藉著摩西所<吩咐-命令>的一切事。』

利未記 No.2 妥拉 <吩咐/命令> 篇 (פרשת צו)[1]

經文段落：《利未記》6:8 - 8:36
先知書伴讀：《耶利米書》7:21 - 8:3、9:23-24
詩篇伴讀: 107 篇
新約伴讀：《馬可福音》12:28-34、《羅馬書》12:1-2、《希伯來書》7:23 - 8:6

一、 「嚴格遵守的」條例

利未記第二段妥拉，標題<吩咐/命令>。經文段落從利未記 6 章 8 節[2] 開始到 8 章 36 節結束。<吩咐/命令>這個標題，在利 6:8-9 節前半：

> 『耶和華曉諭摩西說：你要 **吩咐** 亞倫和他的子孫說:』
> וַיְדַבֵּר יְהוָה אֶל-מֹשֶׁה לֵּאמֹר. **צַו** אֶת-אַהֲרֹן וְאֶת-בָּנָיו לֵאמֹר

<**吩咐**>(**צַו**) 這個動詞，出現在上面希伯來文，利 6:9 的第一個字，這個字-這個動詞，就是本段妥拉的標題。

在上段妥拉:<祂呼叫>篇，耶和華神教導以色列百姓要如何「親近」神，首先，當然就是要透過「獻祭-贖罪」的悔改，罪得洗淨、靈裡得潔淨了，這樣才能討神的喜悅，因此，在利未記開篇的第一段妥拉<祂呼叫>篇，首先就開門見山的，來向以色列百姓說明「各樣的獻祭」。

但要問的是，**是誰**，要來負責百姓所有「獻祭-贖罪」的這個重責大任，是哪一小群人要來肩負這攸關全體以色列百姓「靈命-性命」的「救贖」侍奉？ 這個問題，就是接下來這一段，也就是利未記第二段妥拉所要處理的經文內容重點了。

單單從這一段妥拉的標題 <吩咐-命令> 來看，就可以清楚知道，祭司的工作其實是一項「**非常嚴肅**」的侍奉，因為他們必須要腦袋非常清晰地，完全按照耶和

---

[1] 本段妥拉，可以和出埃及記 No.8 妥拉<吩咐/命令>篇對照閱讀，因為這兩段妥拉都是論到祭司作為「中保」這個貴重的職分及其相關工作的內容，見《奧秘之鑰-解鎖妥拉:出埃及記》No.8 妥拉<吩咐/命令>篇。

[2] 和合本中文聖經的利未記 6:8 節，按希伯來文經文則為 6:1 節。

華神所 <吩咐-命令> 的一切獻祭「條例」，來替以色列百姓執行並完成「獻祭-贖罪」的工作。

因為百姓所獻的祭，必須要在祭司們「全心全意地」事奉，並且「嚴格遵守」各樣神所訂定的獻祭「條例」之下，這樣的獻祭才算數，才是一個「合格-有效」的獻祭。

因此，有意思的是，在這段妥拉<吩咐-命令>篇裡面，當經文提到某某祭的內容細則，是「亞倫和他的子孫」必須要遵守執行的時候，經文除了說出這個「祭的名稱」之外，另外還多加了一個很重要的字，就是「條例」(תּוֹרָה)，這個字是在上一段妥拉<祂呼叫>篇沒有出現過的

來看底下這幾處，有出現「條例」這個單字的經文：

『燔祭的 **條例** 乃是這樣:』 利 6:9
『素祭的 **條例** 乃是這樣:』 利 6:14
『贖罪祭的 **條例** 乃是這樣:』 利 6:25
『贖愆祭的 **條例** 乃是如此:』 利 7:1
『平安祭的 **條例** 乃是這樣:』 利 7:11

希伯來文如下：

זֹאת **תּוֹרַת** הָעֹלָה
וְזֹאת **תּוֹרַת** הַמִּנְחָה
זֹאת **תּוֹרַת** הַחַטָּאת
וְזֹאת **תּוֹרַת** הָאָשָׁם
וְזֹאת **תּוֹרַת** זֶבַח הַשְּׁלָמִים

上面這五節經文,和合本中文聖經翻譯「條例」的這個詞,希伯來文其實就是(תּוֹרָה)讀音 **torah**,這個在整本聖經中經常被翻作「律法」的希伯來字(תּוֹרָה)[3] 也就是猶太人用來指稱「摩西五經」的單字 Torah.中文音譯為「妥拉」

所以，**妥拉**(תּוֹרָה) 這個字所具有的一個特殊意涵就是，它單單地是指著由耶和華神「第一手啟示」或是「直接明定」的一些重要聖法和「條例」，因此，也就必須要「嚴格遵守」，不能隨便，不得馬虎。

---

[3] 在以賽亞書 2:3 節，**妥拉**(תּוֹרָה)這一詞被翻譯成「訓誨」。『因為 **訓誨/妥拉**(תּוֹרָה) 必出於錫安；耶和華的言語必出於耶路撒冷。』

正如利 7:37-38 所記載：

> 『這就是燔祭、素祭、贖罪祭、贖愆祭，和平安祭的「條例 (הַתּוֹרָה)」...
> 都是耶和華在西奈山所<吩咐-命令>摩西的。』

這意思就是說，當人想要來「親近神」的時候，絕對不是按著自己的方式、隨隨便便地就能來到神面前，這是不行的；人要能夠來到上帝面前，必須要「**完全按照**」神所訂規的「**條例**」和方式才行，也就是：必須要透過一個「**中保**」，也就是祭司「**代替**」百姓所做的「**獻祭-贖罪**」的侍奉，人們才可以手潔心清地朝見上帝的面。

因此「**條例**」(תּוֹרָה) 這個字，在這段妥拉當中和五種「獻祭」關聯在一起，意義就非常重大了。

如果我們看 (תּוֹרָה) 這個字出現的次數，創世記僅僅出現 1 次，出埃及記 7 次，那麼利未記第二段妥拉<吩咐-命令>篇，光是這一段妥拉就出現 **7** 次之多。

這告訴我們什麼？ 這告訴我們：神的「**律法、條例**」，或者說 神的「**妥拉(תּוֹרָה)**」其實就是一套「**獻祭**」的聖法，獻祭的出現，是因著神對人的「**恩典**」，讓世上的罪人有機會「**悔改和修復**」，得以再次回到神的面前。

只是這個獻祭，必須要「完全按照」耶和華神所<吩咐-命令>的條例來執行，那就是：「唯有透過」一個中保、這位大祭司所獻的贖罪祭，人才能到父神耶和華那裡去。約翰福音 14:6：

> 『耶穌說: 我就是 道路、真理、生命。
> 若不藉著我，沒有人能到父 (神耶和華) 那裡去。』

二、 燔祭壇上的火

有的時候讀每一段的妥拉，可以先仔細地看一看這段妥拉的「第一句話」在講什麼，因為第一句話，通常可以為整段經文定下「一個基調」。<吩咐-命令>篇這段妥拉的第一句話，利 6:8-9：

> 『耶和華曉諭摩西說：你要吩咐亞倫和他的子孫說，
> **燔祭的條例** 乃是這樣：燔祭要放在壇的柴上，從晚上到天亮，
> **壇上的火要常常燒著。**』

在前面這兩節經文中我們看到一個重點，就是:燔祭『**壇上的火要常常燒著**』，這恰好也是這一段經文: **利 6:8-13 節** 中的「一個重點鑰句」，我們來看底下三處的經文，首先是剛才已經讀過的 6:9：

> 『燔祭要放在壇的柴上，從晚上到天亮，**壇上的火要常常燒著。**』利 6:9
> 『**壇上的火要在其上常常燒著**，不可熄滅。
> 祭司要每日早晨在上面燒柴，並要把燔祭擺在壇上。』利 6:12
> 『**在壇上必有常常燒著的火**，不可熄滅。』利 6:13

是的，『**壇上的火要常常燒著**』，這絕對是「首要關注」的一件重要的事情，因為**燔祭壇** [4] 是「燒燬」所有祭物，就是那些被拿來「獻祭-贖罪」的牲畜:牛、羊「被燒化」而產生馨香之氣的地方，所以，雖然這個祭壇名為「燔祭壇」，但是這個燔祭壇不只有處理「燔祭」的牲畜而已，它還包括其他的祭牲:也就是「贖罪祭、贖愆祭、平安祭」的獻祭牲畜，這些全部都是拿到「燔祭壇」上面焚燒。

所以，燔祭壇上的火當然是要「**常常燒著**」，因為它必須「**隨時準備**」燃燒以色列百姓所獻的各式各樣的祭: 燔祭、贖罪祭、贖愆祭、平安祭等等。

再來、燔祭『**壇上的火要常常燒著**』，那是因為祭司「**每天**」都要獻燔祭，而且早晚各一次。

---

[4] 正如我們在利未記第一段妥拉已經提到的，會幕就是一個「處理罪的戰場」，所以從會幕的門口進去，第一個出現在百姓眼前的就是「燒燬」獻祭所使用的**燔祭壇**，如此醒目的擺放位置，目的就是要提醒以色列百姓，這裡是「獻祭」的地方，是一個處理「罪」的血腥戰場。

『你們要獻給耶和華的火祭，
就是沒有殘疾、一歲的公羊羔，
每日 兩隻，作為 常獻的燔祭(עֹלָה תָּמִיד)。
早晨要獻一隻，黃昏的時候要獻一隻。』民數記 28:3-4

祭司「每天都要獻祭」這件事提醒我們，其實我們人有時候容易健忘，或者是懶惰，基督徒有時候一天讀經，然後一個禮拜不靈修，或者一個月都不禱告，這叫做一曝十寒。

神不要我們這樣，神要我們靈裡面 天天警醒、天天獻祭、天天都要來到神的祭壇前來「清理」自己的罪、「焚燒」那個老我、私慾，因此，我們「每天」都要讓壇上的火「常常燒著」，讓神的聖靈、神的烈火在我們屬靈的生命裡「不斷燃燒」，使我們靈裡不斷被「提升」，在上一段妥拉<祂呼叫>篇有說過，其實「燔祭」希伯來文(עֹלָה)這個字的意思正好就是「提升」。

接著再來看利 6:10-11：

『祭司要穿上細麻布衣服，又要把細麻布褲子穿在身上，
把壇上 所燒的燔祭灰 收起來，倒在壇的旁邊；
隨後要脫去這衣服，穿上別的衣服，
把灰拿到 營外潔淨之處。』

是的，在來到上帝的面前，要向祂「獻祭」以先，我們各人必須要先「自潔」、也要「清理」祭壇上的爐灰，然後，才能繼續向神獻祭。這是一個很重要的真理，因為有人認為，人可以很輕而易舉、隨便地就能來到上帝的面前，但事實不是如此，因為，如希伯來書 12:14 說：人非 聖潔，不能 見主面。

另外，經文提到，要把「壇上所燒的燔祭灰」收起來，這主要指的是清理「前一天燒在祭壇上的灰」，這裡也給我們一個很好的亮光，就是：我們每天都要清理「昨日的爐灰」，把「昨天的」不愉快、鬱悶、挫折、失敗、甚至過錯給「清理乾淨、倒乾淨」，不要讓過去、和昨天影響到現在和今天。

因為每早晨都是新的，神希望我們一天「新似」一天，所經過的每一日，不管發生什麼事，都會讓我們的靈命有「提升」和成長，正如哥林多後書 4:16-17 說的：

『所以我們不喪膽，外體雖然毀壞，
內心卻 一天新似一天。
我們這至暫至輕的苦楚，要為我們成就極重無比、永遠的榮耀。』

三、 祭司的「徵集令」

在現代的以色列，年輕人高中畢業後，都會收到一張紙，這張紙告訴你，現在國家準備要「徵召」你，來履行這個「保家衛國」的重責大任，這張紙就是所謂的「徵集令」，希伯來文叫 (**צַו הַהִתְיַיצְבוּת**)，這個詞組的第一個希伯來單字(**צַו**)，正好就是這一段妥拉的標題<吩咐-命令>(**צַו**)。

年輕人收到這張「兵單」、這紙「召集令」之後，必須要「放下」手邊的工作，要「停止」你正在享受的人生，然後要趕快去到新兵訓練中心接受「規律-嚴格」的戰鬥訓練，目的是要「裝備」你，使你成為「合格」的士兵，是一個具有「保護」國民、「防衛」家園能力的精兵。

以上講述的這些內容，其實也就是利未記第二段妥拉<吩咐-命令>篇的一個重點，那就是：祭司們這時候收到耶和華神傳來的一封「強制性-緊急的」<徵集令>，收到的人，都必須要完全遵照神所<吩咐-命令>的指示，放下手邊所有日常事務，去到摩西那裡，來到會幕這個所謂的新兵「訓練中心」，接受為期七天的「新兵訓練」，也就是「承接聖職」的集訓，學習一切關於「獻祭-贖罪」的規則和條例。以上內容，其實就是利未記第八章一整章的內容概要。

> 『你們七天不可出會幕的門，
> 等到你們承接聖職的日子滿了，
> 因為主叫你們七天 承接聖職。』利 8:33

> וּמִפֶּתַח אֹהֶל מוֹעֵד לֹא תֵצְאוּ שִׁבְעַת יָמִים
> עַד יוֹם מְלֹאת יְמֵי מִלֻּאֵיכֶם
> **כִּי שִׁבְעַת יָמִים יְמַלֵּא אֶת-יֶדְכֶם**

上面 8:33 經文當中「承接聖職」的希伯來文片語叫做 (**יְמַלֵּא אֶת-יֶדְכֶם**)，如果按字面直接翻譯的話就是：『使你們的手充滿』 fill your hands.『使手充滿』是什麼意思？

我們知道，祭司因為肩負一個非常重要的職分，就是要代替以色列百姓來到耶和華神面前執行「獻祭-贖罪」，祭司們必須要天天「屠宰-宰殺」獻祭的牲畜:牛阿、羊阿，想像一下，如果每天都有許多百姓，排隊要來「贖罪-獻祭」，那麼，很有可能祭司需要從早到晚都要「屠宰」這些動物，中間是沒有休息和間斷的。

因此，這些「宰殺」牛、羊的祭司們，必須不能害怕「去面對」動物的「驚恐、掙扎、流血」和死亡，所以，才說「承接聖職」的祭司們要『使他們的手充滿』，充滿什麼? **充滿能力、充滿勇氣**，讓祭司們雖然是戰戰兢兢地「來到耶和華神面前」替百姓獻祭，但同時，祭司們也是滿有能力和信心，**勇敢地「去清理」百姓的罪惡，並完成「贖罪」的工作。**

這個，就是祭司「嚴肅又貴重」的職分，這個職分是神聖的，因為祭司必須要成為百姓和上帝之間的「橋梁」，祭司們要擔負這個人民「中保」，「護衛」全體人民靈性的重責大任，這乃是關乎生存-性命的。

所以祭司們才一定要經過「徵召」和嚴格的「訓練」，並且所有的裝備和侍奉，**都是完全按照耶和華神所<吩咐-命令>的來作**，絲毫沒有自己的意思和個人的作為在裡面。利 8:35-36：

> 『七天你們 (這些承接聖職的祭司們) 要晝夜住在會幕門口，
>   遵守耶和華的 <吩咐-命令>，免得你們死亡，
>   因為 <所吩咐-命令> 我 (摩西) 的就是這樣。
>   於是亞倫和他兒子行了耶和華藉著摩西 <所吩咐-命令> 的一切事。』

是的，我們常聽到『人人皆祭司』這一句話，但是如果我們真的了解「祭司的職分」，那麼就會清楚一件事，就是:「作祭司」絕對沒有我們想的那麼輕鬆簡單的，祭司的職分是要「面對生死」、進入「血腥」的戰場，去「清理」人的罪惡，代替別人完成「贖罪」的神聖侍奉。

如果說，教會是一群「被呼召-被徵召」出來的人，也就是基督徒，那麼身為基督徒的我們，就應該要像「祭司」一樣，知道並且意識到我們所領受的「職分」是何其神聖且重大，因為我們每個人都拿到了這紙「徵集令」，就是前面剛剛提的這個希伯來文(**צַו הַתְיַיצְבוּת**)

我們需要接受「神話語」的嚴格裝備和訓練、「真理」的造就，如此我們作為「中保」替自己或替別人代禱的侍奉和工作，才不會是按著自己的意思、自己的想法，正好相反，乃是完全遵照神所 <吩咐-命令> 的一切事來行。

因為彌賽亞耶穌給我們做了一個很好的榜樣和示範，作為最完美的大祭司:耶穌在世為人所作的一切，也都是按著父神耶和華的 <吩咐-命令> 來作的。

耶穌說: 我以「父神耶和華」的事 為念。路加福音 2:49

『因為我從天上降下來，不是要按自己的意思行，
乃是要按「那差我來者的」意思行。』約翰福音 6:38

『我的教訓不是我自己的，乃是「那差我來者」的。』約翰福音 7:16

及至最後上了十字架，耶穌也仍然這樣說：

『阿爸，父 (神耶和華) 啊！在祢凡事都能，求祢將這杯撤去！
然而，不要從我的意思，只要從祢的意思。』
馬可福音 14:36、馬太福音 26:42,44、路加福音 22:42

最後，願神『使我們的雙手充滿』，讓我們成為神國精兵，有能力、有信心、有勇氣去征戰，因為『我們並不是與屬血氣的爭戰，乃是與那些執政的、掌權的、管轄這幽暗世界的，以及天空屬靈氣的惡魔爭戰。』以弗所書 6:12

四、 帶「血」的侍奉

在整部妥拉 (摩西五經) 裡面，「血(םד) 」這個字，在利未記出現的次數居冠，遠遠多於其他四卷書，這是很好理解的，因為在五經裡面，只有利未記，是有系統地來專門講論祭司「屠宰」牲畜，處理各樣「獻祭-贖罪」的細項流程。

因為，神正是透過利未記來教導百姓，人「犯罪」不能來到神面前，除非要「贖罪-潔淨」自己，就是透過「宰殺」動物，流一頭「無辜生命的血」，來「擔負-替代」你的罪債，這樣，你才能達到或者說滿足神所要求的「公義和聖潔」。

其實，這個真理，也是整本聖經不斷在重申的一個信息，那就是:人靠著自己無法得著救贖，人需要一個「中保」，需要一個「潔淨無瑕疵」的生命，藉著祂所流出的「寶血」，祂的「血(םד) 」來作為貴重的贖價，人才能得著救恩。

正如使徒行傳 4:12 說的：

『除他 (彌賽亞耶穌) 以外，別無拯救，
因為在天下人間，沒有賜下別的名我們可以靠著得救。』

回到利未記，利未記的前兩段妥拉<袖呼叫>以及<吩咐-命令>篇，也就是利未記第一章到第八章，經文內容都是在描述祭司「宰殺」牲畜、「流血」獻祭-贖罪的主題，因此，這兩段妥拉，正如前文已述，血 這個字出現次數非常頻繁。

在利未記第一段妥拉<袖呼叫>篇當中，第一章到六章七節，血 出現 **17** 次之多，第二段妥拉<吩咐-命令>篇從利未記六章八節到八章結束，也有 **12** 次，整卷創世記不過才出現 10 次，出埃及記有 22 次。

所以，一開始讀利未記，馬上映入眼簾的就是一幅幅祭司屠宰牲畜、「沾血-染血」的畫面，而這樣的場景和畫面，正是發生在神的居所:「會幕」裡面。

沒錯，就是在會幕裡面，因為**會幕就是一個「處理-清理」人類「罪惡」的「血腥」戰場**，而在會幕裡面替以色列百姓「**獻祭-贖罪**」的**祭司**，他們的工作則是一項「**帶血的侍奉**」，是一件非常嚴肅且慎重的神聖工作。

祭司們為了以色列百姓的贖罪，必須經常要「沾血-染血」。

譬如，在獻「燔祭」時，利 1:5 說到『要在耶和華面前宰公牛；亞倫子孫作祭司的，要奉上 這血(הַדָּם)，把 這血(הַדָּם) 灑在會幕門口、壇的周圍。』

在獻「平安祭」時，利 3:2『他要按手在供物的頭上，宰於會幕門口。亞倫子孫作祭司的，要把 這血(הַדָּם) 灑在壇的周圍。』

另外，在獻「贖罪祭」，祭司甚至還要把牲畜的血，帶進聖所裡面，利 4:5-7:『受膏的祭司要取些公牛的 血(דַּם) 帶到會幕，把指頭蘸於 這血(הַדָּם) 中，在耶和華面前對著聖所的幔子彈 這血(הַדָּם) 七次，又要把 這血(הַדָּם) 抹在會幕內、耶和華面前香壇的四角上，再把公牛 所有的血(כָּל-דַּם) 倒在會幕門口、燔祭壇的腳那裏。』

看了這幾處關於「獻祭」的經文，其實就讓我們清楚地看見，**會幕** 實在是一個充滿「**血腥味**」的地方，一般人理應是「不會喜歡」去的，那就更不要說那些必須「在裡面工作和侍奉」的祭司們。

所以，「祭司的侍奉和工作」絕對是吃力不討好的，雖然祭司的「職分」是貴重的，但他們所肩負的「責任」是非常重大的。

如果說會幕，像是以色列百姓在曠野當中的一間:全民中央「靈命」健保局的話，

那麼在裡面負責「清理」罪過、「醫治」病人的醫生們，當然就是這群祭司們了。

因此祭司們，這一群被耶和華神特別「徵召-召集」出來的一小群人，它們必須要很清楚地意識到，作為「中保」的他們所肩負的巨大責任，乃是關乎到全體百姓的靈命健康，甚至是性命的「存亡和安危」的。

因著祭司職分的「神聖和嚴肅」，是一項關乎全體百姓「靈命-存在」的侍奉和工作，所以當摩西在「膏立」這些準祭司們的時候，有一個非常重要的儀式和動作，目的是要提醒祭司們，他們的服侍乃是「**關乎生命**」的，是必須要「**完全委身**」和「**完全順服**」神。利 8:23-24：

> 『摩西把些血抹在亞倫的**右耳垂**上和**右手**的大拇指上，並**右腳**的大拇指上，
> 又帶了亞倫的兒子來，
> 把些血抹在他們的**右耳垂**上和**右手**的大拇指上，並**右腳**的大拇指上。』

上面的經文我們看到，摩西把這個代表「生命」的血，塗抹在亞倫和他兒子的三個部位上面：

第一、**耳朵**，這代表這些將來要成為在會幕侍奉的祭司們，必須要「**聽命-遵守**」耶和華神的話語。

第二、**手**，這表示祭司們要完全按照神所訂定的條例和規範，來正確地「**手潔心清的侍奉和工作**」。

第三、**腳**，祭司們作為神和人之間唯一的中保，務要「**行走在**」神的真理和正道中，因為祭司們要成為眾民的楷模和表率。

是的，「祭司的職分」是尊貴的，因為這是一項「**帶血的侍奉**」，是關乎「生命和救贖」的。

五、 照神所<吩咐>的行

在妥拉的釋經傳統裡，經文有時會透過一個詞或是詞組，讓這個詞組「重複出現七次」的方式來強調一個主題和信息，這就是所謂「一詞七現」[5]的妥拉寫作技巧和經文修辭的格式。

<吩咐-命令>篇這段妥拉，透過這個標題 <吩咐-命令> 希伯來文(צו)，其實也就可以知道這段妥拉的主題就是: 神的<吩咐和命令>。當祭司要在會幕裡面代替以色列百姓「獻祭-贖罪」時，祭司們必須要「完全按照」耶和華神所<吩咐-命令>的一切條例來執行，祭司絕對不能按著「自己的意思」來侍奉。

在利未記第八章，我們看到這一整章的內容，其實就是透過「一詞七現」的格式來鋪陳一個很重要的經文信息，那就是:祭司們的工作都要『照耶和華所<吩咐>的去行』。

整個利未記第八章，講述的就是: 摩西為著即將啟動和運作的會幕，在作最後的預備，這個預備的重點工作，我們按照經文描述的順序來說就是:

1. 摩西召聚「以色列全會眾」到會幕口，讓他們知道會幕準備要開幕。(8:3-4)
2. 摩西給亞倫穿上「大祭司的聖衣」和所有的配件。(8:6-9)
3. 摩西「膏抹」會幕和會幕當中所有的器具和聖物，以及燔祭壇，使這些膏抹的東西都成聖。另外，摩西也膏抹亞倫，並且摩西還叫亞倫的兒子們穿上祭司的聖服。(8:10-13)
4. 摩西為亞倫和他的兒子們獻「贖罪祭」。(8:14-17)
5. 摩西為亞倫和他的兒子們獻上「燔祭」。(8:18-21)
6. 摩西為亞倫和他的兒子們獻上「承接聖職之禮」的搖祭，另外，摩西還把羊血塗抹在他們的右耳、右手和右腳上。(8:22-29)
7. 最後，摩西告訴亞倫和他的兒子們，要待在會幕七天的時間，這七天是他們「承接聖職」，密集學習一切關於「會幕-獻祭」的工作條例和準則的最後預備階段(8:33-36)

上面按著順序，把利未記第八章整章的內容，也就是:摩西為著會幕的「開幕」典禮所作的「七項」預備工作完整地羅列出來。

---

[5] 見 Avigdor Bonchek，林梓鳳譯，《研讀妥拉:深度釋經指南》(*Studying the Torah: a Guide to In-Depth Interpretation*)，ch.10 第八把鑰匙:一詞七現，頁 119-132.，夏達華研道中心出版，2013年 11 月。

仔細去看這七項工作，會發現，其實前面六樣工作，都是摩西一個人作的，只有到了第七樣，才是亞倫和他兒子主動去實作的，這是第一點。

第二點，經文在描述完這七項工作之後，都一定會出現這樣的一句話，就是:『**都是照耶和華所<吩咐>的**』，這就是我們前文一開始說的「一詞七現」的經文格式

來看以下這七處的經文：

摩西就照耶和華所<**吩咐**>他的行了。8:4
都是照耶和華所<**吩咐**>摩西的。8:9
都是照耶和華所<**吩咐**>摩西的。8:13
都是照耶和華所<**吩咐**>摩西的。8:17
都是照耶和華所<**吩咐**>摩西的。8:21
都是照耶和華所<**吩咐**>摩西的。8:29
亞倫和他兒子照耶和華藉著摩西所<**吩咐**>的一切事去行。8:36

『都是照耶和華所<**吩咐**>摩西的』這句話的希伯來文叫作：
(כַּאֲשֶׁר **צִוָּה** יְהוָה אֶת-מֹשֶׁה)，照耶和華所吩咐的「**吩咐**」這個動詞其實就是這一段妥拉的標題<吩咐-命令>(צַו)，只是一個是動詞完成式，一個是命令式。

在利未記第八章出現的這個「一詞七現」的格式當中，經文很清楚地在表達一件事，就是：

摩西自己「以身作則」，帶頭作榜樣，讓這些將來要成為祭司的「中保」們看到，要來到神的面前服侍神的人，必須要「**完全順服**」、「**全然委身**」，你一切的侍奉和工作必須『**都是照耶和華所<吩咐>的**』。

所以我們看到前面六項工作的主詞都是摩西，直到第七項預備工作來到，主詞才換成了亞倫和他兒子，因為這時候，亞倫和他兒子們已經知道並且學會什麼叫「**委身-順服-聽命**」的侍奉狀態，所以第八章經文的最後，也是這一整段妥拉<吩咐-命令>篇的結尾才會說，利 8:36：

『於是亞倫和他兒子 照耶和華藉著摩西所<吩咐>的一切事 去行。』

再來，『**都是照耶和華所<吩咐>的**』這句話的重點，是在告訴這些祭司們，這些被「呼召」來到神面前侍奉神的人，其實你們所作的獻祭活動「工作本身」是其次，最重要的是你們的「**心**」，你們「這個人」有沒有「**聽命-順服**」神，這個才是上帝最看重的。

就正如先知撒母耳所說的：

　　『耶和華喜悅燔祭和平安祭，豈如喜悅人 聽從 祂的話呢？
　　　　聽命 勝於獻祭，順從 勝於公羊的脂油。』撒母耳記上 15:22

問題與討論:

1. 在本段妥拉中,當經文提到「某某祭」的內容細則,是亞倫和他的子孫「**必須遵守**」執行的時候,經文除了說出這個祭的名稱之外,另外還多加了一個很重要、很特別的字,請問這個希伯來字是什麼?

2. 為什麼燔祭壇上的火需要「要常常燒著」? 祭司「每天都要獻祭」這件事 (從屬靈上來說) 是要提醒我們什麼?

3. 在第三段「祭司的徵集令」一文中提到,祭司們一定要經過上帝的「徵召」和嚴格的「訓練」,並且所有的裝備和侍奉,都是「完全按照」耶和華神所 < **吩咐-命令**> 的來作,為何必須要如此? (請從「祭司的職分」來思考)

4. 你覺得 **會幕** 是一個什麼樣的地方和場所,如果會幕是一個「處理-清理」人類「罪惡」的「血腥」戰場,是一個充滿「血腥味」的地方,那麼,你還會想要承接祭司的職分這個「帶血的侍奉」和工作嗎?

5. 在本段妥拉中,在哪一章裡面,出現「**一詞七現**」的修辭格式? 透過這個「**一詞七現**」的格式,是要來鋪陳並強調出一個很重要的信息,請問是什麼信息?

利未記 No.3 妥拉

<第八日>篇（פרשת שמיני）

本段妥拉摘要：

利未記第三段妥拉的標題 <第八日>希伯來文(שְׁמִינִי)。如果說 七 這個數字代表完全，代表神用七天的時間完成「自然界」的創造，那麼更高一層的 八，這個數字特別是對猶太人來說，象徵的就是超驗、「超越」經驗、超越自然界，「進入神聖」的領域，或者說，是 神聖「介入」到地上、「進入」到人類的「日常生活」中。

<第八日>這段妥拉的經文內容，正好就是在講述兩件「神聖介入」到百姓「日常生活」中的重大事件：

第一件事就是利未記第九章的會幕「開幕」大典，這座以色列的「靈性中央全民健保局」正式開始啟用和運作，以色列百姓從現在開始，可以透過「獻祭」的方式來「贖」自己的罪，「修復」與神與人之間破裂的關係。

第二件耶和華神的聖法「介入」到百姓日常生活中的大事，就是「潔淨飲食」條例的頒布，因著這個條例的出現，讓百姓知道神對「神聖-聖潔」的要求是什麼？其背後的邏輯和原理是什麼？

因為，耶和華神不僅在「時間上」有分別，所以有「分別為聖」的第七日安息日、耶和華神也在「空間上」有所分別。所以吩咐以色列人建造「會幕」這個讓百姓可以「與神相會」的神聖居所、再來，透過「潔淨飲食」條例的頒布，百姓現在知道，耶和華神更在一項再普通不過的「日常生活」行為上，也要人「分別為聖」，就是:吃、飲食。

透過「潔淨飲食」，也更讓以色列百姓知道，人不是大自然的主人、也不是主宰「生物界-食物鏈」的食客，我們不可以「隨意去吃」任何我們想吃的東西，正好相反，**在自然萬物之上，有一位上帝:耶和華神，這個飲食條例的聖法，乃是由祂「親自制定」的。**

利未記 No.3 妥拉 <第八日> 篇（פרשת שמיני）

經文段落:《利未記》9:1 - 11:47
先知書伴讀:《撒母耳記下》6:1 - 7:17
詩篇伴讀: 128 篇
新約伴讀:《使徒行傳》5:1-11、《歌林多後書》6:14 - 7:1、《彼得前書》1:14-16

一、 超驗的<第八日>

利未記第三段妥拉，標題<第八日>。經文段落從利未記 9 章 1 節開始到 11 章 47 節結束。<第八日 >這個標題，在利 9:1：

> 『到了 第八天，摩西召了亞倫和他兒子，並以色列的眾長老來』
> וַיְהִי בַּיּוֹם הַשְּׁמִינִי קָרָא מֹשֶׁה לְאַהֲרֹן וּלְבָנָיו וּלְזִקְנֵי יִשְׂרָאֵל

<第八>日(שְׁמִינִי) 這個序數詞，出現在上面希伯來文，利 9:1 的第三個字，這個字-這個序數詞，就是本段妥拉的標題。

在上一段妥拉:利未記的<吩咐-命令>篇，最後的結尾在利未記第八章，我們看到，摩西「召集」亞倫和他的兒子，這些預備要來作為人民「中保」的「準祭司們」來到會幕這邊。

他們為著**會幕**的「**開幕**」大典在最後的準備，亞倫和他的兒子們花了七天的時間，完成了「承接聖職」的祭司集訓，目的是要熟悉耶和華神所明訂的各樣獻祭「**條例**」(תורה)，然後，摩西也「膏立」他們，最後第八章的最後一節，也就是上一段妥拉<吩咐-命令>篇的結尾，用這樣一節經文，來為整個會幕「開幕式」的準備程序，畫下一個完美的句點，利 8:36：

> 『於是，亞倫和他兒子行了 耶和華 藉著摩西 所<吩咐>的一切事。』

接下來，來到利未記第三段妥拉<第八日>，順理成章地，利未記第九章一開始，就提到 會幕的「開幕」大典，這乃是以色列歷史上、同時也是人類發展史上的一個高峰，一個非常重要的里程碑，**因為這是自亞當、夏娃犯罪之後，神首次和**

一個特定的信仰社群「同住-同在」，另外，這個開幕大典，也正式宣告，這個作為以色列在沙漠曠野當中的 靈命「中央全民健保局」的會幕，現在正式啟用。

回到這段妥拉的標題<第八日>，**8** 這個數字對猶太人來說，是一個**超驗**、「**超越經驗**」、「**超凡-入聖**」的一個數字，如果說 7 代表「完全」，表示耶和華神用 7 天的時間完成「自然界」的創造，那麼再往上一階，數字 8 就表示「**超越**」自然，「越過」人類日常經驗，進入到「神聖」領域了。

所以，「第八日」在妥拉裡面就有一個特別的象徵意涵，代表: **神「介入」到歷史中、神聖「進入」到人類生活中**，使人們也進入並「一同參與」到超驗、超越經驗的「神聖」領域。創世記 17:12-13：

> 『你們世世代代的男子，生下來<第八日>，都要受割禮。...
> 這樣，**我的約** 就立在你們肉體上作 **永遠的約**。』

這裡我們看到，耶和華神透過「第八日」的割禮，和祂所呼召出來，要來「修復世界」的這位人類代表:亞伯拉罕，簽署一個永約，透過這個「第八日」的割禮，**神的旨意和計畫得以「介入」到人類歷史中，並「改變」世界歷史的發展**，因為耶和華神正是要透過亞伯拉罕這一支家族，來開啟一條「救贖歷史」的「聖約血脈」的系譜。[1]

所以，亞伯拉罕一家以及他的後代，也就是以撒-雅各，再來到出埃及在曠野漂流的以色列百姓，他們都一同「**進入**」到耶和華神的「**神聖**」呼召和計畫當中。

現在，以色列百姓在正月，也就是 尼散月 (נִיסָן)，這個以色列人「出埃及」的月份，在這個充滿「神蹟-奇事」(נֵס)[2] 的月份，把 會幕 豎立起來，實在是具有特別深刻的意涵，因為，這表示，有了會幕這個「神的居所」在以色列的營地中間，就代表『**神與我們同住-同在**』，是有神『在我們當中』，這就是出埃及記 25:8 說的：

> 『又當為我造聖所，使 我住在[3] 他們中間。』
> וְעָשׂוּ לִי מִקְדָּשׁ וְשָׁכַנְתִּי בְּתוֹכָם

每個人都會希望神的會幕、祂的居所在自己家中，每個人會想要神隨時的「同在」和保護，但是，讓神的居所和會幕豎立在我們生命中，這同時也是意味著，**要讓**

---

[1] 見《奧秘之鑰-解鎖妥拉:創世記》No.3 妥拉 <離去篇>之第五段「作為記號的割禮」。

[2] 有意思的是，希伯來文的 神蹟-奇蹟 (נֵס) 和 尼散月(נִיסָן) 同字根。

[3] 「住在」的動詞字根(שכן) 在現代希伯來文的(שָׁכֵן)意思就是「鄰居」，這意思就像是說「神是我們的鄰居」。

神的神聖、神的計畫「介入-進入」到我們生命中，讓神的話語在我們的靈裡「起作用」，引導、帶領、並且「改變」我們的生活和生命。

更重要的是，有神的同在、神的會幕「住在其中」，目的是要讓我們「有真理」，可以去「分辨-分別」神聖與褻瀆、潔淨與不潔淨、善與惡、公義與不公義，什麼是討神喜悅、什麼是不討神喜悅，什麼是出於神的意思，什麼是出於人意。

這個，就是會幕的功能。現在，會幕在<第八日>被豎立起來了，儘管豎立的地點是「在曠野」，但全體以色列百姓正準備要「進入」這個「超凡入聖」的榮耀時刻。

二、 耶和華的榮光

利未記第九章，經文所描述的會幕「開幕」大典，其中最震撼人心的畫面就是：「耶和華的榮光」向全體百姓顯現出來。

會幕豎立起來、祭司們被膏立開始供職，耶和華神的榮耀顯現，這「驚天動地」的一幕雖然在一章的經文中，也就是利未記第九章，很快地就描繪完畢了，但是，為了要讓神的榮耀在會幕中「顯現」，其實前面摩西、亞倫和亞倫的兒子們，以及以色列百姓 作了很多的「預備」工作。稍微回顧一下，從出埃及記 25:1 開始：

『耶和華曉諭摩西說：你告訴以色列人當為我 送禮物 來；凡甘心樂意的，你們就可以收下歸我。…又當為我 造聖所，使我可以住在他們中間。』

從出埃及記 25 章的經文，一直到利未記第 8 章，中間經過這漫長的二十四章的經文發展過程，就是為了要讓 這一個「偉大又榮耀」的時刻發生，就是：神的會幕在人間，神的榮耀彰顯在地上。

如果按著「妥拉的分段」來回顧，看看到底以色列百姓 先前作了哪些預備工作、之前又經歷了什麼，然後才使得利未記第九章的會幕開幕式的高潮：「神的榮光顯現」得以發生：

首先是出埃及記第七段妥拉<禮物-奉獻>篇 (出 25:1－27:19) 先提到：耶和華神吩

咐摩西要百姓<奉獻>家中所有的金、銀、銅等各樣<禮物>，來預備建造會幕，並且耶和華神也指示摩西，會幕裡面各樣要打造的的聖物和器具。

來到第八段妥拉<命令-吩咐>篇 (出 27:20－30:10)，神接著處理會幕「**軟體**」的部分，就是耶和華指示摩西，要設計在會幕裡這些供職的**祭司**們，他們所穿的聖衣和相關物件。

第九段<**計算-背負**>篇 (出 30:11－34:35)，發生「**金牛犢**」事件，摩西一肩扛下<**背負**>全體百姓的罪，來到耶和華神面前代求。然後耶和華神向摩西宣告祂的名：耶和華，是有憐憫、有恩典、不輕易發怒、且有豐盛的慈愛和誠實的上帝。

接著來到第十段<**招聚**>篇 (出 35:1－38:20)，耶和華神寬恕百姓的罪，施恩給他們，於是再一次透過摩西<**招聚**>百姓，這個時候，正是要「破土-開工」建造會幕的時候。

然後就是出埃及記第十一段，也就是最後一段妥拉<**總數**>篇 (出 38:21－40:38)，摩西最後來個「**總檢查**」，計算百姓奉獻過來的金-銀-銅的<**總數**>，作了一份財務帳目清冊，最後把各樣聖物和器具，都是『照耶和華所吩咐他的』全部擺放定位，安置會幕內。

有了會幕之後，接下來就是耶和華神<**祂呼叫**>摩西，以及以色列百姓要來到會幕前「獻祭-贖罪」，這就是利未記第一段妥拉<**祂呼叫**>篇(利 1:1－6:7)的內容。

但是，還需要一群人，可以代替以色列百姓處理「獻祭-贖罪」的工作事宜，這群人就是祭司，所以祭司要學習相關的「**獻祭條例**」，他們侍奉和工作必須都是要「完全遵照」耶和華所<**吩咐-命令**>的，這樣他們替百姓所獻的祭才是合格、被神悅納的，因此，利未記第二段妥拉就叫作<**吩咐-命令**>篇(利 6:8－8:36)。

好不容易經過前面這七段妥拉的經文段落，總算來到利未記第三段妥拉<**第八日**>，也就是利未記第九章的 **會幕「開幕」大典，耶和華神的榮光顯現** 這個高潮點。

這告訴我們什麼？ 這告訴我們，要讓『神的榮耀和榮光顯現』這件事發生，這絕對不是輕而易舉、隨隨便便就會成就的，這乃是需要所有百姓的「**全然順服**」、「**同心合一**」地奉獻、齊心協力地「**彼此建造**」、並且屬靈領袖們:摩西和祭司們，也都是按著耶和華神所<**吩咐-命令**>的，「**完全遵照**」神的旨意和計畫，「**全心全意**」的侍奉的時候: **耶和華的榮光，才會顯現。**

『耶和華的榮光 就向眾民顯現。
有火從耶和華面前出來，在壇上 燒盡 燔祭和脂油；
眾民一見，就都 歡呼，俯伏在地。』利 9:23-24

וַיֵּרָא כְבוֹד-יְהוָה אֶל-כָּל-הָעָם.
וַתֵּצֵא אֵשׁ מִלִּפְנֵי יְהוָה וַתֹּאכַל עַל-הַמִּזְבֵּחַ אֶת-הָעֹלָה וְאֶת-הַחֲלָבִים;
וַיַּרְא כָּל-הָעָם וַיָּרֹנּוּ וַיִּפְּלוּ עַל-פְּנֵיהֶם

「歡呼」這個希伯來文動詞 (**וַיָּרֹנּוּ**)，在整部妥拉 (摩西五經) 當中只出現過兩次，
利 9:24 這裡，是整本希伯來聖經「第一次」出現的地方，就是用來描述 以色列
百姓看見「神的榮光和烈火」顯現的一種「激動」情緒，而百姓這樣強烈的反應
是前所未有的。

以色列百姓心情確實是激動的，因為這對一群曾經經歷過埃及「奴役-迫害」，甚
至是「殺戮」幾乎要失去性命的人們來說，他們成功地逃亡「出埃及」，經歷了
生命的「重生」和靈命的「更新」，現在竟然還能『得見神的榮耀』，這是何等大
的翻轉和突破。

是的，當我們每一位弟兄姊妹，大家都「同心合一地」按著「神的法則和心意」
事奉神的時候，那麼「神的榮耀」就會充滿其中，「上帝的榮光」就會彰顯出來，
讓眾人知道，這就是神的工作，而且，是神所喜悅的侍奉。

最後，我們用約翰福音 1:14 作個小結：

『道成了肉身，住在 我們中間，
充充滿滿地 有恩典 有真理。
我們也見過 他的榮光，正是 父獨生子的榮光。』

三、 獻上「凡火」

利未記<第八日>這段妥拉的高潮，就是第九章所記載的會幕「開幕」聖典，有耶和華的榮光顯現、有神聖的烈火降下。

但是來到第十章，卻立刻發生了**一樁悲劇**，「完全扭轉」上一章慶典歡騰的高昂氣氛，這個悲劇事件就是: 亞倫的兩個兒子:拿達和亞比戶獻上凡火，利 10:1-2：

> 『亞倫的兒子拿答、亞比戶各拿自己的香爐，盛上火，加上香，
> 在耶和華面前獻上 凡火，是 耶和華沒有吩咐 他們的，
> 就有 火從耶和華面前 出來，把他們燒滅，他們就死在耶和華面前。』

וַיִּקְחוּ בְנֵי-אַהֲרֹן נָדָב וַאֲבִיהוּא אִישׁ מַחְתָּתוֹ וַיִּתְּנוּ בָהֵן אֵשׁ וַיָּשִׂימוּ עָלֶיהָ קְטֹרֶת
וַיַּקְרִיבוּ לִפְנֵי יְהוָה **אֵשׁ זָרָה אֲשֶׁר לֹא צִוָּה** אֹתָם.
וַתֵּצֵא **אֵשׁ מִלִּפְנֵי יְהוָה** וַתֹּאכַל אוֹתָם וַיָּמֻתוּ לִפְנֵי יְהוָה

從經文中，我們可以清楚看到有兩種火:
第一個，是拿答、亞比戶獻上的「**凡火**」，是耶和華沒有吩咐的
第二個，是從耶和華面前出來的「**聖火**」。
我們先把這兩種火「區分-分別」出來。

回到經文脈絡，利 10:1-2 記載的拿達和亞比戶「**獻凡火-被燒滅**」的事件，是緊接著第九章接續發展下來的，如果我們去看希伯來聖經的抄本和分段，**其實第 9:1 一直到 10:7 是一個一氣呵成「完整的」敘事段落**，中間沒有分段的空格。

如果這是一段完整的經文，那這個段落的敘事就很清楚了，**前-後文** 乃是有一個**強烈的對比**:

前面第九章的內容我們看到，亞倫在開幕大典所作的所有獻祭事宜，**都是照耶和華<所吩咐>摩西的來執行**，最後，有耶和華的榮光向百姓顯現。

> 『**摩西對亞倫**說:「你就近壇前，獻你的贖罪祭和燔祭，為自己與百姓贖罪，又獻上百姓的供物，為他們贖罪，**都照耶和華所吩咐的**。」...惟有贖罪祭的脂油和腰子，並肝上取的網子，都燒在壇上，**是照耶和華所吩咐摩西的**...胸和右腿，亞倫當作搖祭，在耶和華面前搖一搖，**都是照摩西所吩咐的**。』利 9:7,10,21

然後，接下來的經文描述就是 9:23-24 的會幕「開幕式的高潮」:『摩西、亞倫 進入會幕，又出來 為百姓祝福，耶和華的榮光就向眾民顯現。有火從耶和華面前出來，在壇上燒盡燔祭和脂油；眾民一見，就都歡呼，俯伏在地。』

這裡我們看到全體百姓的反應是「驚呼連連」，甚至「俯伏在地」，此時，拿達跟亞比戶在一旁看到「這個景象」，心想，哇，父親亞倫居然可以「召喚」耶和華的榮耀和聖火。那麼，我們也想要來試試，如法炮製，看看是不是也可以再一次將神的榮耀和烈火「複製」出來，讓會眾「歡呼膜拜」。

這個，就是接下來 10:1-2 發生的事情: 拿達和亞比戶想要按著「自己的意思」來複製聖火降臨，讓會眾歡呼膜拜。說的更清楚一點就是，他們想要透過「自己的獻祭」，來「掌控-支配」，甚至是「竊取」神的榮耀。

於是，悲劇就發生了。

然後，10:3，耶和華神說了一句很重的話，一語道破拿達和亞比戶「出於自我」的侍奉動機:

> 『我 在親近我的人中 要顯為聖；
> 在眾民面前，我 要 得榮耀。』

בִּקְרֹבַי אֶקָּדֵשׁ
וְעַל-פְּנֵי כָל-הָעָם אֶכָּבֵד

上面利 10:3 的經文中，『我要顯為聖 (אֶקָּדֵשׁ)』和『我要得榮耀 (אֶכָּבֵד)』這兩個動詞，在希伯來文動詞文法上來說都是 nifal (נפעל)字幹，這種動詞字幹通常是「被動」語態的動詞，所以按這個文法來重新翻譯這兩個動詞，那就比較清楚這節經文所要強調的語義。利 10:3 重新翻譯如下:

> 『在親近我的人中 我自己 要被 顯為聖 (אֶקָּדֵשׁ)；
> 在眾民面前，我自己 要被 榮耀 (אֶכָּבֵד)。』

因此，這樣看來，就非常清楚神所要表達的信息，就是:當得榮耀的 是神，不是人，你們這些祭司們，不要想要透過「中保」的這一個寶貴的職分和侍奉來「榮耀你們自己」。

拿達和亞比戶為什麼「私自」擅入-闖入會幕的聖所？利 10:9-11 給了一個線索:

『你和你兒子進會幕的時候，**清酒、濃酒** 都不可喝，免得你們死亡；這要作你們世世代代永遠的定例。使你們可以將聖的-俗的，潔淨-不潔淨的 **分別 (לְהַבְדִּיל)** 出來；又使你們可以將耶和華藉摩西曉諭以色列人的 **一切律例** 教訓他們。』

是的，祭司的侍奉和職分是很重要的，因為他們要「**教導**」百姓 神的一切律例，但前提是他們要 **腦袋清醒，要清楚知道神「分別-為聖」的法則** 是什麼，甚至要時時刻刻去查驗自己，「**辨明**」自己服事神的「**動機和意念**」。

所以經文這裡提到清酒、濃酒不可喝，有可能在暗示拿達和亞比戶進入聖所前，喝了酒，導致他們「**放縱**」自己的獻祭，「**越過**」了神所規定的「**界線**」，才使得他們立刻被神的聖火燒滅。

是的，這個清酒、濃酒，或者說: 侍奉神的人不可醉酒，從屬靈涵義上來說，「**醉酒**」代表的就是一種參雜「**血氣-私慾**」的服事和侍奉，這其實是很危險的，因為我們的神是聖潔的、是輕慢不得的。

回顧一下創世記，在整本聖經中所記錄的人類的第一場「獻祭」，也同時是第一宗的「謀殺案」:

在該隱和亞伯的獻祭中，我們看到亞伯獻上頭生的「被神悅納」，而該隱所獻的祭，卻不被耶和華神看中，結果該隱就「大大發怒」，變了臉色。隨後起了殺機，就把弟弟亞伯給殺了。

該隱獻上的是什麼？ 其實該隱獻上的是「**自己的血氣**」、自己的邪情私慾，因此當他獻的不被神看中的時候，該隱裡面的那個充滿 「**罪惡的真我**」就暴露出來了。

是的，我們也常常問我們自己，到底我們對神的獻祭，是照著自己的意思，要來「**榮耀自己**」讓「**凡火**」出現；還是，是按著神的心意「**獻上自己**」，使「**神的榮耀和聖火**」彰顯出來。

四、 不是單靠食物

大家都知道，直到現今的以色列，大部分的猶太人仍然持守「潔淨飲食」條例 ，希伯來文(כַּשְׁרוּת) 讀音 **Kashrut.**。

「**潔淨**」與「**不潔淨**」的食物條例，詳細記載在<第八日>這段妥拉，利未記的第 11 章。前文提過，八 這個數字，對猶太人來說代表「**超驗**」,「**超越**」經驗，超凡「**入聖**」，因此<第八日>這一段妥拉正好是在講述兩件神聖「介入」到百姓日常生活的重大事件:第一是「會幕的開幕」大典，第二就是「**潔淨飲食**」條例的頒布。

從經文脈絡來看，出埃及記最後，在第 40 章講述「會幕」的完工，但是在會幕正式啟用前，以色列百姓必須先學會如何獻祭。所以，接下來利未記第 1-7 章，耶和華神吩咐摩西，教導祭司們、以及以色列百姓如何獻各樣的祭。

會幕裡需要有「祭司」供職，因此，等百姓都知道也學習各樣的獻祭條例後，利未記第 8 章接著就提到「膏立」亞倫和他的兒子們，成為會幕的祭司。

膏立的意思是: 使其「**成聖**」，得以在會幕裡、在上帝面前服事，每個人都必須達到耶和華神所要求的「聖潔」規定。所以，亞倫和他的兒子們花了七天的時間，來準備承接「會幕」的供職，亦即: 七天的「**成聖禮**」讓他們知道，他們現在開始要擔負著「祭司」的職分。

來到利未記第 9 章，對以色列百姓來說，乃是一個「歷史性的時刻」，因為，他們現在有「祭司」在「會幕」裡供職，**會幕正式啟用**。

自此，以色列百姓開始要學習，並進入完全「**聖潔**」的領域中。但是利未記第 10 章馬上就提到: 亞倫的兩個兒子因為沒有遵守「**神聖/聖潔**」的獻祭規定而被燒滅的事件。顯見，新上任的祭司，還沒有習慣耶和華神所要求的「**神聖/聖潔**」。

然後，來到利未記第 11 章，耶和華神「更進一步地」頒布「**潔淨食物**」條例，除祭司以外，連以色列「全體百姓」也一併要求，通通要進入「**神的聖潔**」領域中。

這裡，我們可以清楚看到耶和華神的心意，祂要將以色列百姓，逐步打造成一支，完全「**神聖/聖潔**」的民族，做『**祭司的國度，聖潔的國民**』(出埃及記 19:5-6) 其

目的是要「完全反映出」耶和華的神聖屬性，一種「分別為聖」生活方式。

因此，耶和華神頒布「潔淨」食物條例，重點在於「分別」，因為以色列百姓是一群「被分別出來」的人民，所以他們必須要知道神的「聖法」，要學習 從造物主的眼界-觀點去「分別」「潔淨-不潔淨」的食物。當然，「潔淨」食物條例確實也給百姓帶來「健康」的效果。

但要問的是，耶和華神這樣對以色列百姓頒布「潔淨」食物條例的「要求」，其「用意和目的」何在？

第一、要知道當時百姓們在曠野，生活和居住環境惡劣，這表示說，能找到而且可以吃的動物本來就已經不多，現在耶和華神又「限制」更多，頒布「潔淨」食物條例後，似乎可以吃的東西「更少」。申命記 8:3：

『他苦煉你，任你飢餓，將你和你列祖所不認識的嗎哪賜給你吃，使你知道，人活著 不是單靠食物，乃是 靠耶和華口裡所出的一切話。』

「潔淨」食物條例的規定，是要使以色列百姓清楚地知道，建造你們的 是耶和華神，並不是這些有形的物質。

第二、耶和華神對以色列百姓頒布「潔淨」食物條例，目的其實也是要「強健」百姓的身、心、靈，也就是達致「全人」的健康狀態。在曠野沙漠中，缺乏物資和水源的情況下，一旦「生病」，除了可能「無藥可醫」，還會連累到其他人，再來，百姓在曠野中是處在一種「經常移動」勞碌奔波的「遷徙」狀態。

更重要的是，以色列百姓前進迦南地的途中，還有許多異邦異族等在前頭要和他們「打仗」，如果以色列百姓身、心不夠強壯，他們如何能應付曠野的惡劣環境，和四面八方的敵人征戰？

所以，耶和華神頒布「潔淨飲食」條例，對以色列百姓的飲食「嚴加控管」，就好像是 一位經驗豐富的「食品營養師」一般。

第三、在希伯來文裡，「潔淨飲食」條例 (כשרות) 這個字的「字根」(כשר) 還有其他相關的意思，正好可以說明「潔淨飲食」對強健身、心、靈所帶來的果效，我們來看幾個裡面有(כשר)這個「字根」[4] 的希伯來文單字：

(כָּשֵׁר) 讀音 kasher，亦即:符合潔淨飲食條例的。

(כּוֹשֶׁר) 讀音 kosher，能力、力量。

(כִּשָׁרוֹן) 讀音 kisharon，意思是:天資、天賦、才能。

(מוּכשָׁר) 讀音 mukhshar，有才能的、有天資的、才華橫溢的。

(מַכשִׁיר) 讀音 makhshir，裝備。

(לְהַכשִׁיר) 讀音 lehakhshir 訓練，使 (某人)「有能力」去任職。

(חֲדַר כּוֹשֶׁר) 讀音 hadar Kosher，健身房。

從上面幾個都共享有(כשר)「字根」的希伯來文單字來看，可以清楚地知道一件事，那就是，猶太人深知「潔淨飲食」條例除了是為了要達到「神聖/聖潔」的要求外，其實它確實還帶來「許多的益處」。.

「潔淨飲食」可以讓人的身、心、靈，處在一種「最佳」的狀態。當然，這裡或許還可以做一個大膽的推論和猜測，是否也因著猶太人有「潔淨飲食」的條例，所以才讓猶太人在萬族中顯得如此與眾不同、如此天賦異稟、如此聰明絕頂、如此充滿創意？ [5]

不管怎麼說，利未記第 11 章的「潔淨飲食」條例，其實在猶太人眼中是一個非常重要的聖法和規定，因著遵守這樣的條例，得以讓猶太人的「命運血脈」延續至今，經歷過兩千年的流放、遷徙、逼迫、殺害，猶太人若是沒有一套「強健自身」的生活和飲食法則或許早已滅種，消失在這個地球上。

至於大家是否也必須要遵守「潔淨飲食」？ 這個問題就留給大家自行決定，我們只要曉得，它和救恩、生命的「得救與否」沒有關係就好了。

五、 「潔淨」與「不潔淨」

<第八日>這段妥拉，經文後半段的重點內容就是利未記第 11 章的「潔淨飲食」條例，**這個條例是緊接在會幕「開幕」大典之後**，耶和華神「立即」對全體百姓所頒布的聖法，由此可見這個條例的「重要性」。

---

[5] 見下一段「潔淨與不潔淨」對於利 11:45 的解釋『我是把你們從埃及地「領出來-**要提升**」你們的) 的耶和華，要作你們的上帝；所以你們要聖潔，因為我是聖潔的。』

「潔淨飲食」，可以說是利未記當中，耶和華神的聖法首次「介入」到百姓的「日常生活」中。

首先、要讓以色列百姓遵守 潔淨飲食條例，其中一個用意，就是要讓人知道，**我們不是大自然的主人、也不是主宰「生物界-食物鏈」的食客，我們人不可以「隨意地去吃」任何我們想吃的東西**，正好相反，食物潔淨條例，乃是要讓我們知道，在自然萬物之上，有一位上帝:耶和華神，這個飲食條例的聖法，乃是由祂所「親自制定」的。因為耶和華自己，就是「創造」這些所有自然活物的創造主，耶和華神自己，就是最頂尖的「生態系統和環境工程師」。

第二、潔淨飲食條例的頒布，重點在於「分別」。我們曉得耶和華神祂是一個「分別為聖」的上帝，神是一個會立法度、「定界線」的上帝。當以色列百姓出埃及，來到西奈山初次和耶和華神見面的時候，神當下就教導百姓，什麼叫做「神聖」？

出埃及記 19:12,23， 耶和華神對摩西說：
『你要在山的四圍給百姓 定界限，說：你們當謹慎，不可上山去，也不可摸山的邊界；...要在山的四圍 定界限，叫山 成聖。』

所以，什麼叫「成聖」，成為聖潔這個概念指的就是一個「定界線」、「分別」出來的一種「神聖」意識和狀態。

譬如說，神在 時間 上的「分別為聖」，就是六日是工作日，到了**第七日**神說要安息，所以將**第七日「分別出來」**定為「聖」日，這個就是時間上的分別。

在 空間 上的「分別為聖」，就是「會幕」這個神的居所，這一個獨特的空間的豎立，透過會幕的建造，讓以色列百姓知道，這個「神聖」的場所 **是不能隨意靠近的**，必須藉由「獻祭-贖罪-潔淨」的過程，透過祭司們的侍奉，百姓才可以來到會幕前，手潔心清地來到神的面前。

再來，會幕這個空間也是有層層「界線」的，一般百姓只能在外院，供職的祭司們才可以進去聖所，而會幕最裡面的神聖空間「至聖所」是只有大祭司一年一度在贖罪日的時候，才能進去。

所以，透過**會幕**，讓百姓們知道，這個特殊的建築就是神在 空間 上的「分別為聖」。

除了在「時間上」成聖、在「空間上」分別為聖，那麼還有另一個向度的分別為聖，那就是這個得以讓人能夠延續生命的一個主要的活動行為:**飲食**。是的，神

也要以色列百姓在 **飲食** 上「**分別為聖**」，所以才頒布了潔淨飲食條例。

有了以上關於「**神聖**」概念的認識和釐清，也就是耶和華神這個「**定界線-分別**」的神聖意識之後，那麼接下來我們就可以來談潔淨飲食條例的主要「**分別**」原則，也就是: 是依據什麼邏輯和判准來「**分別**」潔淨 與 不潔淨。

另外，還有一個值得注意的重點是，在利未記第 11 章這段專門記載潔淨飲食條例的經文段落中，有一個字，就是「**不潔淨的**」(**טָמֵא**) 它出現的次數異常頻繁，單就利未記第 11 章就出現 13 次之多，整本摩西五經「**不潔淨的**」這個希伯來字，第一次出現的地方就是在利未記 [6]，而第 11 章的經文內容，是整本希伯來聖經出現 (**טָמֵא**) 這個字「密度最高」的一個段落。

再來，整本利未記反覆出現的一個關鍵「**鑰句**」也在利未記第 11 章「潔淨飲食」條例的經文段落中「首次出現」，就是利 11:44:

> 『我是耶和華－你們的上帝；
> 所以你們要 **自我分別為聖**，成為 **聖潔的**，因為我是 **聖潔的**。』

כִּי אֲנִי יְהוָה אֱלֹהֵיכֶם
וְהִתְקַדִּשְׁתֶּם וִהְיִיתֶם קְדֹשִׁים כִּי קָדוֹשׁ אָנִי

上面的經文我們看到有「**神聖-聖潔**」的字根 (**קדש**) 出現的希伯來字一連重複出現三次。

這樣看來，**耶和華神其實非常重視、在意這一套「潔淨飲食」條例**，這一個關乎全體百姓「飲食和生活」的聖法。接下來我們就來解釋潔淨飲食條例，其「潔淨」與「不潔淨」的主要「分別」原則: [7]

『耶和華對摩西、亞倫說:你們曉諭以色列人說，在地上一切走獸中可吃的乃是這些:凡 **蹄分兩瓣、倒嚼(反芻)** 的走獸，你們都可以吃。』利 11:1-3

所以在陸地上，可以吃的食物必須要同時符合「**蹄分兩瓣、倒嚼/反芻**」的動物，例如: 牛、羊、鹿、羚羊..

首先說到 **蹄分兩瓣**，從煮食的便利性來說，蹄分兩瓣的動物:可以使牠承受重量

---

[6] 利 5:2『或是有人摸了「不潔的」物，無論是「不潔的」死獸，是「不潔的」死畜，是「不潔的」死蟲，他卻不知道，因此成了「不潔」，就有了罪。』

[7] 關於分別的原則，筆者主要參考張文亮教授的一篇專文〈分別潔淨與不潔淨食物的屬靈意義〉。

的壓力分散，腿部肌肉比較柔軟，一般來說，這類的動物走路慢，運動速度慢的動物，肉質柔軟，比較容易快煮熟。

再來、要吃會「反芻」的動物，因為這類動物，飲食習慣是慢慢咀嚼、慢慢消化的，所以最後被吸收的食物，都是「反覆過濾」到最後，剩下「最精華」的營養，然後才被身體吸收，例如牛、和羊，牠們有四個胃幫助牠們不斷地「反芻、過濾和消化」。

第三、**分蹄**，但 **不倒嚼反芻** 的代表性動物:豬，豬是雜食性動物，又因為「**不反芻**」，吃東西很快，所以消化不好，又排泄得很快，甚至還會吃自己的糞便，因為排出的糞便中還有很多營養。動物如果會吃糞，糞便裡的微生物容易進到血液裡，肉質就不乾淨。

所以，神允許我們吃的動物，是那些會「**慢慢消化、反覆咀嚼**」的、有「**反芻**」消化系統的動物的肉。

第四、**倒嚼/反芻**，但 **不分蹄** 的代表性動物:沙漠之舟駱駝，駱駝雖然會反芻，但牠的蹄是單瓣的，駱駝可以吃很少的食物，走很遠的路，腳很有力，但是肉很難煮熟。

最後，就是「**不倒嚼，也不分蹄**」的動物:，一般來說指的是獅子、老虎、豹這些「獵食-肉食性」動物。

另外，會吃「**腐屍、糞便**」、或是雜食性的鳥類如:烏鴉、鴕鳥、老鷹這類動物，也是被歸類在「**不潔淨**」動物的範疇裡面

至於海裡的動物，利 11:9 說到：
『水中可吃的乃是這些：凡在水裏、海裏、河裏、**有翅(有鰭) 有鱗的**，都可以吃。』

「**有鱗片**」的魚,這類的魚一般來說是食物經過魚的口、胃、腸消化「**分解過濾**」，最後才被吸收進去魚體的。而 **無鱗** 的魚:**會直接從皮膚吸收養分，沒有經過篩選和過濾**。至於**甲殼類**:特別是龍蝦、螃蟹，牠們主要是海洋 底層 生物，擔任海底「**清道夫**」的角色，吃的食物比較多是「腐屍和垃圾」。

從以上分析潔淨飲食「**分別**」原則，很清楚，被定義為「**潔淨**」食物的動物，一般來說，都是具有很好的「**消化-過濾**」系統，牠們有一個飲食的「**篩選**」機制。

所以，如果從「屬靈意涵」上來說：

1.**倒嚼反芻** 代表的是：要「反覆咀嚼」、「不斷消化」思想神的話，不囫圇吞棗。
2.**分蹄** 象徵的是：你的外在行為要與世界「有分別」。
3.**有翅(有鰭)**：寓意不隨波逐流、要「逆流而上」。
4.**有鱗片**：則是穿上屬靈的全副軍裝「鎧甲」，抵擋魔鬼攻擊和世界的影響。
5.**不吃死屍、垃圾**：是說不要去聽是非八卦、流言蜚語、那些與靈性無益的文字、資訊、思想和訊息，讓這些東西成為靈命中的腐敗雜質進而影響到我們的心。

利未記 11 章「潔淨飲食」條例的經文段落結尾，耶和華神說明了頒布這個條例的「最終目的」：

『我是把你們從埃及地領出來的耶和華，

要作你們的上帝；

所以你們 要聖潔，因為我是 聖潔 的。』利 11:45

11:45 希伯來文前半句是說：

『我是把你們從埃及地 領出來的 耶和華』

כִּי אֲנִי יְהוָה הַמַּעֲלֶה אֶתְכֶם מֵאֶרֶץ מִצְרַיִם

「領出來」這個動詞，或者說現在分詞 (מַעֲלֶה)，指的是「使..提升-拉高」[8] 的意思，所以按字面直接翻譯就是：『我是耶和華，是這位把你們從埃及地領出來「要提升-拉高(מַעֲלֶה)」你們的 。』英文: I am Yehovah who "**elevates**" you from the land of Egypt.

是的，耶和華神要透過潔淨飲食來「**提升**」以色列百姓，並且也告訴他們這個「條例」是非常重要的，因為耶和華神除了在「**時間**」分別為聖、「**空間**」分別為聖，祂也在「**飲食**」上要求祂的百姓要「分別為聖」。

最後，第十一章的經文，利 11:46-47 節為<第八日>這段妥拉，也是「潔淨飲食」這整段的經文，畫下一個清楚明瞭的句點：

『這是走獸、飛鳥，和水中游動的活物，並地上爬物的 **條例 (תּוֹרַת)** [9]。

要去 分別出(לְהַבְדִּיל) 潔淨的 和 不潔淨的，可吃的 與 不可吃的 活物。』

---

[8] 這個字和「燔祭(עֹלָה)」同一個字根(עלה)。

[9] **條例 (תּוֹרָה)** 一詞所具有的一個特殊意涵就是，它單單地是指著由耶和華神「第一手啟示」或「直接明定」的一些重要聖法和「條例」。見利未記 No.2 妥拉<吩咐/命令篇>之第一段「嚴格遵守的條例」。

問題與討論：

1. 本段妥拉標題<第八日>。八 這個數字有何特別的意涵？ 在聖經裡，有哪些重大的「神聖介入」事件是發生在<第八日>？

2. 利未記第九章是會幕「開幕」大典，最震撼的畫面就是:「耶和華的榮光」向全體百姓顯現出來。神的榮光要能夠向全體百姓顯現出來，前面是經過哪幾段妥拉的鋪陳、努力和預備？ 而這樣的努力和預備是要表達出什麼樣的真理？

3. 拿答、亞比戶獻出來的祭為何被稱之為「凡火」？ 怎麼樣的服事會被定義為是: 參雜「**血氣-私慾**」的服事和侍奉？

4. 耶和華神為什麼要在利未記第 11 章向以色列百姓頒布「**潔淨飲食**」條例？請在文本當中找出有(כשר) 這個「字根」的相關單字和字義。

5. 耶和華神所頒布潔淨飲食條例的「**分別**」原則，是依據什麼樣的邏輯和判准來「分別」**潔淨的** 與 **不潔淨的**？

利未記 No.4 妥拉

<懷孕>篇 (פרשת תזריע)

本段妥拉摘要:

利未記第四段妥拉標題<懷孕>，希伯來文(תזריע)。接續上段妥拉<第八日>的「潔淨飲食」條例，這段妥拉講到婦女<懷孕>生產的大事，按妥拉的「分段邏輯」來說，經文這樣的安排似乎在表達一件事，就是婦女如果要順產，要能生出一個健康寶寶，那麼吃耶和華神所開出的「潔淨飲食條例」的食譜是最好的飲食配方。

不過<懷孕>篇在另一方面也指出一個「屬靈上」的事實，是一個令大家感到有點驚訝的陳述，那就是產婦<懷孕>的生產活動，及其所生的這個胎兒、這個新生命的出世，乃是伴隨著「不潔淨」而來到這個世界上的。

所謂的「**不潔淨**」這個字詞的概念，在利未記整卷書的範疇指涉，通常指的是一些接觸或進入到「**流血、罪、死亡**」的領域所造成的。因此，按照這樣的定義來理解「不潔淨」，婦女<懷孕>生產，是冒著生命危險和「死亡」的威脅，因為婦女生產會大量「流血」，因此常常會有婦女難產「身亡」，或「胎死」腹中的情況。所以，當我們說<懷孕>產婦「不潔淨」的時候，其實是再次提醒我們，每個婦女都是甘願冒著生命危險，進入到「流血-死亡」的「不潔淨」的場域和狀態中，為的就是「要成就」新生命的誕生。

另外，如果從「罪」的角度切入，來理解婦女<懷孕>生產的「不潔淨」，那這就又是在說明另一個屬靈事實，就是: 這個婦女所生的這個胎兒、這個新生命是「不潔淨」的。

因為如果說「罪」就是「**沒有射中**」靶心，那麼在還沒有用「真理」好好教導這個胎兒、塑造這個胎兒之前的生命狀態，在這個小孩還沒有「進入到」神給他/她的「命定-乎召」之前，那麼這個幼年童稚的生命的確是「**不潔淨的**」，正如傳道書 11:10 的經文說的: 『因為一生的 **開端和幼年** 之時，都是 **虛空的**。』

利未記 No.4 妥拉 <懷孕> 篇（**פרשת תזריע**）

經文段落:《利未記》12:1 - 13:59
先知書伴讀:《列王記下》4:42 - 5:19
詩篇伴讀: 106 篇
新約伴讀:《馬太福音》8:1-4、《路加福音》2:22-35, 7:18-23

一、 懷孕的「不潔淨」

利未記第四段妥拉標題<懷孕>。經文段落從利未記 12 章 1 節開始到 13 章 59 節結束。<懷孕>這個標題，在利 12:1-2：

> 『耶和華對摩西說：你曉諭以色列人說：
> 若有婦人<懷孕>生男孩，她就不潔淨七天，
> 像在月經污穢的日子不潔淨一樣。』

> וַיְדַבֵּר יְהוָה אֶל-מֹשֶׁה לֵּאמֹר. דַּבֵּר אֶל-בְּנֵי יִשְׂרָאֵל לֵאמֹר
> אִשָּׁה כִּי **תַזְרִיעַ** וְיָלְדָה זָכָר וְטָמְאָה שִׁבְעַת יָמִים,
> כִּימֵי נִדַּת דְּוֹתָהּ תִּטְמָא

<懷孕>(**תַזְרִיעַ**) 這個字，出現在上面希伯來文，利 12:2 的第八個字，這個動詞，就是本段妥拉的標題。

在上段妥拉<第八日>，經文後半段的主要重點放在「潔淨飲食」條例，也就是利未記第 11 章「一整章」的內容，這是耶和華神要告訴以色列百姓，他們除了在「時間上」要**分別為聖**，守「安息日」、還要在「空間上」**分別為聖**。所以集資奉獻為耶和華神造「會幕-聖所」使耶和華神常與百姓「同在-同住」；然後呢，也要在「飲食生活」上**分別為聖**，吃神所定義的「潔淨」食物。

接著，就來到<懷孕>篇這段妥拉。若是按照妥拉的「分段邏輯」，經文發展的脈絡從「潔淨飲食」條例接續婦女<懷孕>生產，這好像在告訴讀者，特別是準備要生寶寶的婦女們，<懷孕>的時候，要吃「營養健康、潔淨」的食物，才比較能夠順產、可以生出健康寶寶，這似乎在傳達一種「優生」的概念。

但是<懷孕>篇起始的經文，利 12:2 前文讀的：

> 『若有婦人<懷孕>生男孩，她就 不潔淨(טָמְאָה) 七天，
> 像在月經污穢的日子 不潔淨(תִּטְמָא) 一樣。』

這裡我們看到，不潔淨(טמא) 這個動詞重複出現兩次，這是在強調一件事情，
就是:婦女 (流血) 生產，是被定義為「不潔淨的」。

在整本利未記裡面，按照耶和華神所制訂的「潔淨-不潔淨」的條例中，所謂的
「不潔淨」這個概念，主要指的是牽涉到「罪、生病、流血、死亡」等相關領域。

譬如在利 11:24 所說：
『凡摸了 死的(屍體)，必 不潔淨(יִטְמָא) 到晚上。』

或者是「患病」像痲瘋病人的，在利 13:22：
『若在皮上發散開了，祭司就要定他為 不潔淨(טמא)，是災病。』

因此，婦女生產，被定義為「不潔淨」，意思不是說骯髒或汙穢的，「女人生產」
被定義成「不潔淨」這是因為當她們在生小孩的時候，會接觸或「瀕臨」到、甚
至是進入到「死亡」的領域和狀態中。

這確實是如此，從母體當中，所準備要成就的一個「新生命的誕生」，總是伴隨
著「流血-死亡」的威脅。婦女難產「致死」、或者「胎死」腹中的情況，在古代
醫療不發達的社會中經常發生，即便是到了 21 世紀的高科技、高醫療水平的現
代，婦女生產還是有風險。

其實，當女人<懷孕>生產的時候，她正是經歷到，人類始祖犯「罪」這個「罪」
所帶來的效應和後果。創世記 3:16 耶和華對女人說：

> 『我必多多加增你 懷胎 的 苦楚；
> 你 生產兒女 必多受 苦楚。』

人因著犯「罪」而帶來「死亡」這項事實，在婦女冒著生命危險「流血」<懷孕
>生產這件事情上，是如此真實地被「具體呈現」出來。

婦女<懷孕>生產「不潔淨」，從另一方面來說，指的也是這個新生命的誕生，這
個剛出生的嬰孩，他/她乃是伴隨著這個「不潔淨」而來到這個世界上的，換句
話說，就是一個人生命的「起始-開端」，是從「不潔淨」開始的。

下面來看幾處經文：

『人從 小時 心裡懷著 惡念 (רע)。』創世記 8:21
惡念 (רע) 這個用字很強烈，意思就是「邪惡的」英文 evil, wicked.

『因為一生的 開端和幼年 之時，都是 虛空的 (הֶבֶל)。』傳道書 11:10
虛空的 (הֶבֶל) 這個字也很形象化，它的意思其實是「蒸氣」，所以在空氣中蒸發很快就成為「虛無」。

大衛在詩篇 51:5 自己說：
『我是 在罪孽裏生的，在 罪(חטא) 中 我的母親 懷了我。』
罪(חֵטְא) 這個字的意思就是「沒有命中」靶心、「錯失」目標 missing the target.

從上面讀的幾處經文，我們理解到一件事情，就是: 新生兒的「不潔淨」，其實是在提醒作父母的: 從你們肉體，從母腹裡面好不容易 <懷孕> 生出的嬰孩，這個小孩能健康地活著，有生命、有氣息，這還不夠，你們還要「正確教導」他/她，使他/她的生命能「對準神」，「射中靶心」，行走在「真理-正道」上，成為服事上帝的「合用器皿」，否則的話，這個小孩的生命以至於他/她長大成人之後，他/她的人生便是 空虛、是無意義。

是的，當我們還沒有 進入神給我們的「命定-呼召」，生命還沒有「對準」上帝的心意和法則時，我們還在「走自己的」道路、過自己「隨心所欲」的生活時，那麼，從屬靈上來講，照利未記耶和華神的語言來說，就是「不潔淨」的。

願我們每一位都時常記念我們的母親，在<懷孕>生產時，甘願冒著生命危險，進入到「流血-死亡」的「不潔淨」狀態中，為的就是要把我們生出來。感謝我們的母親。

二、 「分別」與界線

在利未記的這些「**分別**」潔淨-不潔淨的聖法背後，其實所要反映出的: 是耶和華神的「屬性和特質」，那就是:我們所信仰的這位創造宇宙的上帝，**祂是一位會定「界線-分別」的上帝**。我們看神的「創造」，就可以清楚知道，神是一位會去定「**界線-分別**」 的上帝。

在創世記第一章，記載耶和華神「首次介入」到世界的情況，就是先把諸多的事物作「**分別**」，下面看幾處經文:

『上帝看光是好的，就把光暗 **分開 (וַיַּבְדֵּל)** 。』創世記 1:4

『神說:諸水之間要有空氣，將水 **分為 (מַבְדִּיל)** 上下。神就造出空氣，將空氣以下的水、空氣以上的水 **分開(וַיַּבְדֵּל)**。』創世記 1:6-7

在這幾節經文中，我們看到「**分別-分開**」(**הַבְדִּיל**) 這個 hifil 字幹的動詞一再地出現，這個字在利未記中也是一個非常重要的動詞。[1]

在創世記第一章，神「**分別**」光-暗、「**分別**」空氣以上和空氣以下的水、「**分別**」海與陸地。此外，神還讓各樣的菜蔬以及活物，不管是地上爬的、海中游的、天上飛的，都要「**各從其類**」。這裡我們看到，神給祂創造的大地萬物，原本是「混沌空虛的」，現在設定了「**界限 和 次序**」。

是的，神是「**分別-為聖**」的上帝，「**分別**」是神其中一個很重要的屬性。有了這個了解和認識以後，再來看利未記就會比較好理解。

從利未記這卷書的整體架構和發展脈絡來看，首先、第一個部分從利未記 1 章到 10 章，主要是教導祭司和以色列百姓如何夠透過「**獻祭**」(**הַקְרִיב**) 的 祭物(**קָרְבָּן**) 來「**親近**」(**קָרַב**) 神。[2]

第二個部分，從利未記 11 章「潔淨食物」條例開始，出現一系列教導百姓「潔淨與不潔淨」的「**分別**」，從飲食的「潔淨-不潔淨」、婦女<懷孕>的「潔淨-不潔淨」、再到身體皮膚上長大痲瘋的「潔淨-不潔淨」，然後來到利未記 16 章「潔淨

---

[1] 例如，利 11:46-47『這是走獸、飛鳥，和水中游動的活物，並地上爬物的條例。要去 **分別出 (לְהַבְדִּיל)** 潔淨的 和 不潔淨的，可吃的 與 不可吃的 活物。』

[2] 注意到「獻祭-祭物-親近」這幾個希伯來字，都有「同一個字根 (**קרב**)」。

-不潔淨」的贖罪高峰，就是大祭司一年一次進入至聖所，為全體百姓的「罪和不潔淨」，行「贖罪-潔淨」的獻祭。

也就是說，從上一段妥拉，利未記第三段<第八日>利未記 11 章的「潔淨飲食」條例，一直延續到<懷孕>篇，有兩個字開始頻繁地出現，就是「潔淨的(טָהוֹר)」和「不潔淨的(טָמֵא)」。

什麼叫「潔淨的」和「不潔淨的」？ 如果從耶和華神「分別-定界線」的這個角度來說，那麼，在神所定規潔淨的範疇和「界線之內」的事物就被定義為「潔淨的」，如果是在「界線之外」，或是「模糊」界線、「混淆」界線的，則被稱為「不潔淨的」。

例如，以「潔淨」飲食條例來說，耶和華神定義海裡水中的活物，凡「有翅(有鰭)有鱗」的為可吃、是潔淨的。龍蝦「不潔淨」，一來是因為它「沒有鰭也沒有鱗」，二來，按照「分別-界線」的邏輯和原則來說，龍蝦雖是「海中」生物，但它卻有腳可以像「陸上」的爬蟲動物看似行「走在陸地」上，而不是像「有鰭有鱗」的魚「游在海中」。所以，像龍蝦這樣的海中活物，雖然生活「在海中」，但卻不像一般的魚類「游在水中」，而是像陸上的爬蟲類「走在陸地」上。所以，龍蝦的情況就是一種屬於「模糊」界線、「混淆」界線的「不潔淨」。

以家庭婚姻、生育，或者是「性道德」的例子來說就更清楚了，任何有「混淆」或「模糊」一男一女的夫妻婚姻「分別-界線」的情況，都被定義為「不潔淨」，例如說一個「已婚」的男士向公司的女同事謊稱他「單身-未婚」，然後和這位女同事發生「婚外情」。像這樣在婚姻「界線之外」外遇，又帶給婚姻「界線之內」的家庭混亂的情況，也是一種屬於「模糊」界線、「混淆」界線的「不潔淨」。關於「性道德」的「界線」，在利未記 18 章和 20 章那裏有非常嚴格的規範。

所以，按照耶和華神在利未記裡面，制訂「分別-定界線」「潔淨-不潔淨」的邏輯和原則的脈絡順下來，那就可以很好理解，為什麼在利未記第九章會幕「開幕」大典、正式「運作」以後，耶和華神接下來會「介入到」百姓的兩件事情上，這兩樣人類最主要、也是最重要的「日常活動」上作出規範，那就是:「飲食」和「<懷孕>生育」或者說 性。

以色列的確是被耶和華神揀選出來，特要作為「祭司」的國度、「聖潔」的國民的「一個樣板」。所以耶和華神才會在 飲食 這一個使人每天生活得以「延續」的日常活動上)、以及<懷孕>生育 這個使人下一代生命得以「延續」的主要活動上) 都要「界定和介入」。

正因為神要教導以色列百姓在飲食上，和性生活上也都要全然「分別-為聖」，所以才規範出一系列「分別」「潔淨-不潔淨的」聖法和條例。因為以色列在萬國中要「具體反映出」耶和華神「分別-定界線」的神聖屬性，也就是在利未記經常出現的這個鑰句：

『我是耶和華－你們的神；
所以你們要 自我分別為聖，成為 聖潔的，
因為我是 聖潔的。』利 11:44

<懷孕>篇這段妥拉一開始提及的產婦「不潔淨」，從另一方面來說，同時指的也是這個剛出生的嬰孩，他生命的「起始-開端」乃是從「不潔淨」開始的。

所謂的「不潔淨」前文我們談過，這個概念主要指涉的是關乎「罪-死亡」的領域。所以從屬靈涵義上來說，「新生命」的誕生所伴隨的「不潔淨」，其實是讓我們知道一項事實，就是:當一個生命進入世界的那一刻，就展開了一趟: 肉體走向「衰敗」，生命邁向「死亡」的結局，當生命來到此世時，眾人都在「死亡的權勢」之下。羅馬書 5:12：

『這就如 罪 是從一人 入了世界，
死 又是從罪來的，
於是 死就臨到眾人，因為 眾人都犯了罪。』

所以透過耶和華神「分別-定界線」、「潔淨-不潔淨」的聖法，乃是要具體地教導孩童，讓他們從小就清楚意識到，地上有 兩個國度: 有「潔淨-不潔淨」、有「生命-死亡」、有「屬神的-屬撒旦的」。所以，作父母的就要讓自己的孩子 警醒，隨時抵擋、對抗「罪-死亡」的權勢。這也就是為什麼古時猶太人的妥拉「孩童」教育，會先從利未記開始研讀的主要原因。

感謝神，彌賽亞耶穌已經勝過「死亡」權勢，祂為我們「贖罪」，使我們得「潔淨」，就如羅馬書 5:21 說：

『就如罪作王叫人死；
照樣，恩典 也 藉著義作王，
叫人因我們的主耶穌彌賽亞得永生。』

最後，用箴言 22:6 的經文來作一個小結：

『教養孩童，使他 走當行的道，
就是 到老 他也不偏離。』

三、 兩個國度

延續著上一段妥拉<第八日>從利未記第十一章開始，一直到<懷孕>篇這段妥拉，也就是利未記第十二和十三章，我們發現到，分別「潔淨的-不潔的」條例開始密集頻繁地出現。

到底什麼叫「潔淨的-不潔的」，它背後「分別」的邏輯和定義是什麼？

其實「潔淨的-不潔的」這個東西，我們姑且稱它為: 利未記的一種「技術性術語(technical term)」，它主要是用來規範和和定義，當一個人處在「什麼樣的狀態」下，是「可以進入」會幕-聖所，或是「不可以進入」會幕-聖所的。

所以當一個人被祭司宣判為「潔淨的」時候，那就表示說這個人是可以「被允許進入」會幕這個「神聖」空間的；相反地，若是被宣布為「不潔淨的」時候，那此時這個人則「不被允許進入」會幕。

那接下來就要問的就是: 是「什麼樣的」狀態下會被稱為「不潔淨的」，如果我們仔細看利未記會發現，一般會被定義為「不潔淨的」狀態，通常都會跟「罪-流血」或碰觸到「死亡」的領域有密切關係。

所以婦女<懷孕>生產「流血」，冒著「死亡」的風險所進行的誕生新生命的活動，就被定義為進入到一種「不潔淨的」存在狀態，因為此時，這個女人正在「失血」流失生命，她碰觸或瀕臨到「死亡」的領域。

因此，當女人<懷孕>生產時，她正是處在一種「不潔淨的」狀態中，她「被禁止進入」會幕這個「神聖」空間當中。這就是利 12:4 所說的：

> 『婦人在 產血不潔 之中，要家居三十三天。
> 任何聖物她都不可摸，也 不可進入聖所，
> 直到她 潔淨 的日子滿了。』

為什麼<懷孕>後的產婦「被禁止進入」會幕呢？ 因為「會幕」這個空間是代表神「永恆-生命-強大榮耀」的同在和神聖居所，在這個「聖所」或者我們用大家常說的這個神「榮耀同在」的 (שכינה) Shekhinah 裡面，祂會「排斥」任何有關「罪-死亡」的人事物，榮耀的神會「吞噬」一切關於「罪-死亡」的「不潔淨」，也就是說，在這個象徵「永恆-生命」國度的這個「神的會幕-居所」當中，裡面

是「不容許有」或者說「完全沒有」任何的「罪-死亡-不潔淨」。

所以說，<懷孕>後的產婦，照利未記第 12 章的規定，產婦會有一段時間被定為「不潔淨」-「被禁止進入」會幕，這其實也是一種「保護」措施，因為這個時候的婦女，身體還在 排血、還在清除 惡露、身體仍在 虛弱 中，所以身心靈無法以「健康-完全的」最佳狀態，或者按照利未記的語言：「潔淨的」狀態下，進入到有著神強大無比的「榮耀彰顯」的會幕中，在完全「聖潔」的神面前佇立。

耶和華神之所以要向以色列百姓制訂出這個看似「抽象又難以理解」的聖法，就是這個去分別「潔淨的-不潔淨的」條例，其實乃是要向百姓們顯示出一個真理，是要他們知道，在 屬靈的世界中，有 兩個國度：一個是代表「永恆-生命-潔淨」的國度，這是上帝 的國；另一個則是代表「毀壞-死亡-不潔淨」的國度，這個是魔鬼撒旦 的國。這兩個國度是有清楚的「界線」，是截然「分別」的不同國度，是南轅北轍，甚至是「互相敵對」的國度。

為了要讓百姓們「具體的」理解並認識這「兩個國度」的「分別」，所以神才透過「飲食-性-生育<懷孕>」等等……人類生活再普通日常不過的的各樣活動，來制訂出、定義出何謂「潔淨的-不潔淨的」的界線和分別。

四、 產婦的獻祭

<懷孕>生產後的婦人第一件重要的事情，就是要去會幕那裡，到耶和華神面前來 獻祭，來看利 12:6：

> 『滿了潔淨的日子，無論是為男孩是為女孩，
> 　她要把一歲的羊羔為 燔祭，
> 　一隻雛鴿或是一隻斑鳩為 贖罪祭，
> 　　帶到會幕門口交給祭司。』

וּבִמְלֹאת יְמֵי טָהֳרָהּ, לְבֵן אוֹ לְבַת,
תָּבִיא כֶּבֶשׂ בֶּן-שְׁנָתוֹ לְעֹלָה,
וּבֶן-יוֹנָה אוֹ-תֹר לְחַטָּאת
אֶל-פֶּתַח אֹהֶל-מוֹעֵד אֶל-הַכֹּהֵן

這裡我們看到，當<懷孕>後的產婦，經過了產血和惡露全部排完的「潔淨期」，身體-精神和元氣都恢復之後，第一件事就是要來到會幕，來到神的面前「獻祭」，獻燔祭和贖罪祭。

如果家裡經濟狀況不好，獻不起一歲羊羔的婦女，也可以用雛鴿或斑鳩來替代。這就是利 12:8 說的：

『她的力量若不夠獻一隻羊羔，
她就要取 兩隻 斑鳩 或是 兩隻 雛鴿，
一隻為 燔祭，一隻為 贖罪祭。
祭司要為她 贖罪，她就 潔淨 了。』

וְאִם לֹא תִמְצָא יָדָהּ דֵּי שֶׂה
וְלָקְחָה שְׁתֵּי-**תֹרִים** אוֹ שְׁנֵי **בְּנֵי יוֹנָה**,
אֶחָד **לְעֹלָה** וְאֶחָד **לְחַטָּאת**;
וְכִפֶּר עָלֶיהָ הַכֹּהֵן **וְטָהֵרָה**

在路加福音中我們也看到，耶穌的母親:馬利亞在滿了<懷孕>產血的「潔淨期」之後，也按照妥拉利未記這裡的規定，和約瑟帶著小耶穌去耶路撒冷，上聖殿去獻祭，去獻這個產婦潔淨的「燔祭」和「贖罪祭」：

『按摩西律法 滿了潔淨的日子，他們帶著孩子上耶路撒冷去，要把耶穌獻與父神，正如主 (耶和華) 的律法/妥拉上 所記:「凡頭生的男子必稱聖歸主。」又要照主 (耶和華) 的律法/妥拉上 所說，或用一對 斑鳩，或用兩隻 雛鴿 獻祭 (燔祭和贖罪祭)。』路加福音 2:22-24

<懷孕> 後的產婦之所以需要獻「贖罪祭」，贖「自己的罪」，按照猶太的釋經傳統，這是因為婦女在懷孕經歷「產痛-流血」的時候，心理可能會對上帝或丈夫產生出「負面消極-不好的」，甚至是「懷恨的」意念，例如說像婦女「產後憂鬱」的情況，所以產後的婦女需要在潔淨期之後向神獻「贖罪」祭。

其實，從一個更深層的屬靈涵義來看<懷孕>婦女產後的獻祭，那意義就會特別深刻了：

首先，**獻燔祭**。在摩西五經裡，第一個將自子兒子獻為「燔祭」的是亞伯拉罕，在創世記 22 章那段「耶和華以勒/耶和華看見 (יְהוָה יִרְאֶה)」的經文敘事中，亞伯拉罕所經歷的「信心」事件，其實也可以看作是耶和華神給亞伯拉罕的「試驗」，試驗什麼？ 試驗你亞伯拉罕有沒有把這個『你的兒子，就是你獨生的兒子，你

所愛的以撒』「據為己有」，按照你「自己個人的」意思和計畫養育以撒，不讓神在國度的計畫當中來使用以撒，並成就「神的旨意」在以撒身上。當然最後的結果我們知道，亞伯拉罕願意把這個他晚年所得的寶貝孩子「完全獻上」交給上帝。

所以，<懷孕>後的產婦獻「燔祭」的意思就很清楚了，它是在提醒每一位作父母的，你們所生出來的孩子其實『並不是你們自己的』，**孩子乃是「神所賞賜」給你們的產業**，你們當爸爸媽媽的只是被上帝指派託管的「代理監護人」，所以你們要按著「**神的真理和公義**」來教導養育自己的孩子。

第二、<懷孕>後的產婦要獻「**贖罪祭**」，這是在提醒這位婦女，妳作為一個「生產」的媒介，其實是把另一個罪人、或更多的罪人「帶到」這個世界上來，因為如保羅在羅馬書 3:10 說的『就如經上所記：沒有義人，連一個也沒有。』

又如詩篇 14:2-3 講的『耶和華從天上垂看世人，要看有明白的沒有，有尋求上帝的沒有。他們 都偏離正路，一同變為污穢；並沒有行善的，連一個也沒有。』

所以，當產婦<懷孕>生兒，「意識到」自己生出的新生命，是一個將會「**潛在犯罪**」的生命時，這位婦女因著神所施的慈愛和恩典「存留了」這個「潛在犯罪」的新生命，讓這個寶寶平安生出來，所以這位<懷孕>順產的女人，就「提前」先為這個寶寶獻上了「**贖罪祭**」，也就是在這個新生命長大「成人」，能為自己的所做所為「負責任」之前，這個孩子一切所有的「犯罪-過錯」都是由父母親來承擔的。

向神獻祭-贖罪，這個聖法背後的目的是要讓人警醒，讓我們時常意識到自己的「不完全」、自己的「不潔」、自己的「罪」、潛在的「犯罪意念」。

<懷孕>篇這段妥拉一開始提到的產婦獻祭就是如此，產婦所獻的兩項潔淨禮:「燔祭」和「贖罪祭」是要讓我們清楚知道，父母「**教養孩童的責任**」其實是無比重大。

因為，我們每一個作父母的，都希望自己的小孩，將來能成為有用的人，是「**聖潔的**」是神使用的「貴重器皿」，行走在「**真理正道**」上，而不是相反，是不潔的，變成家庭的麻煩、社會的亂源，變成一個讓父母、讓上帝擔憂痛心的罪人。

五、 割禮[3] 的盟約

<懷孕>篇這段妥拉除了一開始提到產婦的「不潔淨」，另一個重點就是:割禮，來看利 12:3 的經文:

> 『第八天，要給嬰孩 行割禮 (直譯為:他的 包皮肉 要 被切除)。』
> וּבַיּוֹם הַשְּׁמִינִי יִמּוֹל בְּשַׂר עָרְלָתוֹ

割禮,這個作為耶和華神和以色列百姓之間，一個在肉體上所作的「盟約」記號，可以回溯到創世記，創世記 17:9-13:

> 『神又對亞伯拉罕說:你和你的後裔必世世代代遵守 我的約。你們所有的男子都要 受割禮;這就是我與你並你的後裔 所立的約，是你們所當遵守的。你們都要 受割禮;這是我與你們 立約的證據。你們世世代代的男子，無論是家裏生的，是在你後裔之外用銀子從外人買的，生下來<第八日>，都要 受割禮。這樣，我的約 就立在你們肉體上作 永遠的約。』

在這段經文中，有兩個關鍵字是一再重複出現的，一個是「約 (בְּרִית)」，另一個就是「割禮」或直譯為「包皮切除」的這個字 (מִילָה)，所以，若要用希伯來文完整地來說「割禮」或「割禮之約 / 割禮的盟約」，那就是 (בְּרִית מִילָה) 這個詞組。

割禮這個「立約」的記號，早在耶和華神呼召亞伯拉罕，這位以色列的第一位先祖的時候，神自己就已經定下這個祂與以色列百姓之間世世代代「立約」的永恆「證據」，這個不容抹滅，是一個一輩子都會跟著這個男子的「記號-印記」。

正因割禮是一個判斷你是不是屬於這個「盟約」成員之內的正字「標記-記號」，因此割禮的重要性自然就不在話下。受割禮,或者講得比較直白一點「切除包皮」這個動作，乃是一種「進入盟約」或「委身於」盟約的一個宣示。

所以，<懷孕>篇起頭利未記 12 章一開始立刻就講說，新生的男嬰<第八日>就要行割禮，意思就是說:在這個新生命來到這個世界上的<第八天>，做父母的，就要趕緊把這個小男孩「歸給」耶和華神，讓這個新生兒「歸入」神的名下，「進入到」神聖盟約 當中。

---

[3] 關於「割禮」的出現，見《奧秘之鑰-解鎖妥拉:創世記》No.3 妥拉<離去>篇之第五段「作為記號的割禮」。

事實上，耶和華神「非常看重-嚴肅看待」割禮這個「立約」的記號，來看出埃及記 4:24-26 的經文：

『摩西在路上住宿的地方，耶和華遇見他，想要殺他。西坡拉就拿一塊火石，**割下他兒子的陽皮**，丟在摩西腳前，說：「你真是我的血郎了。」這樣，耶和華才放了他。西坡拉說：「你因 **割禮** 就是血郎了。」』

這段經文講述到摩西奉耶和華神的命，準備要從米甸曠野回埃及去，執行「拯救」以色列百姓「出埃及」的任務和使命，但是在返回的路上，摩西忘記給自己的兒子 行割禮，或者講得更清楚一點，就是摩西還沒有把自己的兒子，歸入到「盟約」之中，忘記給他的兒子施行「割禮」這個意義重大的「立約」行動。

事實上，耶和華神正是藉由這次的，我們說「追殺」摩西的事件中，在曉諭摩西說：

你摩西若要回埃及去執行「拯救」百姓出埃及的「使命」的話，那麼我耶和華神要你摩西和我「立約」，你摩西要透過這個「立約」的動作(割禮) 向我「保證」，你不會半途落跑，你摩西會「使命必達」將以色列百姓「救出」埃及，因為我耶和華神之所以要展開這個拯救百姓「出埃及」的行動任務，乃是因為我和你的先祖:亞伯拉罕-以撒-雅各所立過的 (割禮)「盟約」，所以我現在要來「守約」。

由此可見，耶和華神祂非常看重「**割禮**」這個「**立約**」的動作和記號，因為我們的神本身就是一位會「**立約-守約**」的神，是「**信實**」的神。

透過割禮，每一個以色列的男丁都會「進入到」盟約之中，也一同「繼承」先祖的聖約或者說「神聖呼召」之中。關於這一點，我們的基督，猶太人的王，以色列的彌賽亞:耶穌，祂也是如此。在路加福音 2:21 記載：

『滿了 八天，就給孩子 行割禮，
與他起名叫 耶穌 (ישוע) (拯救的意思)；
這就是沒有成胎以前，天使所起的名。』

正如經文清楚表明的，耶穌祂自己降世「道成肉身」為猶太人，生來<第八日>也「受割禮」，為的就是要「進入到」父神耶和華與「以色列」所立的「盟約」之中，透過 割禮，耶穌也正式「繼承了」以色列先祖們:亞伯拉罕-以撒-雅各的「神聖呼召」。因為耶穌，這位在整個希伯來信仰中「被應許-預言」中的彌賽亞，乃是出自亞伯拉罕的後裔、以色列家的猶大支派、是大衛的子孫，耶穌是來自「祭

司」的國度-「聖潔」的子民: 以色列 這個「聖約」家族的。

所以，作為父神耶和華所差派來的兒子，自然也就要「受割禮」作「立約」的動作，以表示我這個作兒子的會「全然順服」父神的心意，會完全委身「守約」到底。

因此耶穌也才會說：
我與「父神耶和華」原為一。約翰福音 10:30
我以「父神耶和華」的事 為念。路加福音 2:49
又說:『子憑著自己什麼也不能做，只有看見「父神耶和華」所做的，子才能做，因為「父神耶和華」所做的事，子也同樣地做』約翰福音 5:19

另外，割禮作為一個「立約」的記號之所以會放在男性的「生殖器官」上，其實所蘊含的意思很清楚，就是要男人在「性關係」上，在**婚姻家庭**上「立約-守約」。

事實上，當每個以色列男人看到這個在生殖器官上所留下的「傷疤」時，他們立刻就會被提醒，他們是進入「聖約」的人，必須要「守約」，要將自己「分別為聖」歸給神。當然，最重要的還是個人「心裡的割禮」：

『所以你們要將**心裏的污穢除掉** (直譯為:要 切除你們心的包皮)，不可再硬著頸項。』、『耶和華－你上帝必將你心裏和你後裔 **心裏的污穢除掉** (心要行割禮)，好叫你盡心盡性愛耶和華－你的上帝，使你可以存活。』申命記 10:16、30:6

是的，願我們每一位都願意受「心裡的割禮」，把那些不合乎神心意的、肉體的慾望，和心中的邪念全都「切除掉」，並將我們的生命全然歸給神，分別為聖。

問題與討論：

1. 在整本利未記裡面、按照耶和華神所制訂的「潔淨-不潔淨」的條例中，所謂的「**不潔淨**」這個概念，到底主要指的是什麼？ 所以才把婦女<懷孕>流血生產定義為「不潔淨」。再來，新生命的誕生，剛出生的嬰孩也是伴隨「**不潔淨**」而來到這個世界上，換句話說，就是一個人生命的「起始-開端」，是從「**不潔淨**」開始的，這又是在告訴我們什麼真理？

2. 為什麼古時猶太人的妥拉「孩童」教育，會先從 利未記 開始研讀，最主要的原因是什麼？

3. 延續上一段妥拉<第八日>篇從利未記第十一章開始，一直到<懷孕>篇這段妥拉也就是利未記第十二和十三章，我們發現到，分別「潔淨的-不潔的」條例開始密集頻繁地出現，耶和華神之所以要向以色列百姓制訂出這些看似「抽象又難以理解」的聖法，目的是什麼？

4. 耶和華神為什麼要<懷孕>後的產婦必須要去獻「**燔祭**」和「**贖罪祭**」，這個聖法背後的精神和意涵是什麼？

5. 作為耶和華神和以色列百姓之間，一個在肉體上所作的「**盟約**」記號 是什麼？ 這個「**盟約**」的記號 有何重要性？ 以至於連耶穌也被烙印下了這個 盟約的印記。

利未記 No.5 妥拉

\<大痲瘋>篇（**פרשת מצורע**）

本段妥拉摘要:

利未記第五段妥拉標題\<**大痲瘋**>，希伯來文(**מְצֹרָע**)。

在利未記裡面，\<**大痲瘋**>這個字眼，主要指的並不是我們從「一般醫學」或普通「身體疾病」定義下來理解的身體病症。因為如果\<**大痲瘋**>純粹是一般身體上的皮膚病變，那麼這個病菌的「傳染力」和效果，「怎麼會強大到」也會讓衣服、甚至屋子裡面的牆壁發出\<**大痲瘋**>的災變呢？

所以，根據猶太釋經的傳統，\<**大痲瘋**>這個字顯然指的不是現代「醫學疾病」意義理解下的病症，它指的其實是一種「**屬靈的**」病症，是內在的、靈裡的污穢和罪惡，這個內在的屬靈病症主要關連到的是某人說出「惡毒的言語」去「毀謗他人的罪，當這個人說出「不實、負面的言語」去「攻擊」他人的時候，那耶和華神就會讓這個「隱而未顯的罪」透過\<**大痲瘋**>的方式被「暴露-彰顯」出來。所以讓這個說「惡毒言語」的人長\<**大痲瘋**>，這乃是一種耶和華神所施加的「懲罰」手段。

對昔日的猶太人來說，除了說毀謗的話會長\<**大痲瘋**>之外，另外其他的罪惡例如像是: 驕傲、自私、起假誓、淫亂、偷盜、謀殺等等的罪過，也會使一個人長出\<**大痲瘋**>。所以，從一個更廣泛的意義上來說，\<**大痲瘋**>講的其實就是一個人他在屬靈上所處的一種「污穢不潔」的狀態。

這樣看來，我們每一個人其實都被聖潔的神看作是\<**大痲瘋**>的病患，我們在屬靈的生命上都是「不潔淨的」，所以我們需要一個特殊的「潔淨禮」，是能夠「一次性地」-「全力清除和掃蕩」所有過犯罪惡和不潔淨的，這個特殊的除罪禮，就是下一段妥拉\<死日之後>篇所講的「贖罪日」獻祭的條例。

利未記 No.5 妥拉 <大痲瘋> 篇 (פרשת מצורע)

經文段落:《利未記》14:1 - 15:33
先知書伴讀:《列王記下》7:3-20
詩篇伴讀: 120 篇
新約伴讀:《馬太福音》9:20-26、《馬可福音》1:35-45, 5:23-34、《路加福音》5:12-31,
8:42-48

一、 什麼是<大痲瘋>?

利未記第五段妥拉標題<**大痲瘋**>。經文段落從利未記 14 章 1 節到 15 章 33 節。
<**大痲瘋**>這個標題,在利 14:1-2:

> 『耶和華曉諭摩西說:
>
> 長<**大痲瘋**>得潔淨的日子,其例乃是這樣:要帶他去見祭司。』

וַיְדַבֵּר יְהוָה אֶל-מֹשֶׁה לֵּאמֹר.
זֹאת תִּהְיֶה תּוֹרַת הַ**מְּצֹרָע** בְּיוֹם טָהֳרָתוֹ וְהוּבָא אֶל-הַכֹּהֵן

<**大痲瘋**> (**מְצֹרָע**) 這個字,出現在上面希伯來文,利 14:2 的第四個字,這個字,
就是本段妥拉的標題。

<**大痲瘋**>這個字,英文翻譯叫 **Leper.**更白話的翻譯指的是「**長大痲瘋的人**」,或
「**大痲瘋患者**」,它和另一個字經常一起出現,就是「**痲瘋病**」希伯來文(**צָרַעַת**) 大
部分的英文翻譯都把這個字翻成 **Leprosy.**「**大痲瘋(מְצֹרָע)**」和「**痲瘋病(צָרַעַת)**」
這兩個字[1],就是這段妥拉的兩個關鍵字。

這裡,首先需要來問的一個問題是: 到底利未記 13 章和 14 章所記載的<**大痲瘋**>
指的什麼? 它是一種疾病嗎? 皮膚病嗎? 是我們從「醫學-病理學」上所普遍
認知的一種人體疾病嗎?

如果它真的是一種「人體疾病」,那,怎麼這樣的病,它的病毒也會讓「衣服」、

---

[1] 「大痲瘋-痲瘋病」這兩個字有同一個字根 (**צרע**)。

和屋子裡的「牆壁」 染上大痲瘋，並且「發生災變」呢？

就像利 13:49 說的：
『或在 衣服 上、皮子 上，經上、緯上，或在皮子做的甚麼物件上，這災病若是發綠，或是發紅，是 大痲瘋 (צָרַעַת) 的災病，要給祭司察看。』

或者又如利 14:37,44 所說：
『災病若在 房子的牆 上有 發綠 或 發紅 的凹斑紋，現象窪於牆，...災病若在房子裏發散，這就是房內蠶食的 大痲瘋 (צָרַעַת)，是不潔淨。』

再來，得了<大痲瘋>的病人，按經文所顯示的，不是去找 醫生，而是要去會幕裡面找屬靈的代表，屬靈領袖，也就是 祭司。

其實，利未記這裡所說的<大痲瘋>，並不是像我們從現代醫學所定義的痲瘋病，因為猶太釋經傳統都一致地認為，利未記所講的<大痲瘋>乃是一種內部靈性的病症，這種「靈性的疾病和敗壞」會透過身體、衣物和房子的牆壁的<大痲瘋>給「外顯」出來。

這個所謂內在靈性的病症，或者我們說「隱而未顯的罪」，一般來說是因為人說出「惡毒的言語」所造成的，也就是說，當一個人在背地裡，私下說別人「壞話」，用言語「毀謗」他人，或者散播「不實謠言」去搬弄是非的時候，那麼這個人，就會長<大痲瘋>。

最好的例子就是摩西的姊姊 米利暗，民數記 12:1-2,10：

『摩西娶了古實女子為妻。米利暗和亞倫因他所娶的古實女子就 毀謗 他，說：難道耶和華單與摩西說話，不也與我們說話嗎？」這話耶和華聽見了。...不料，米利暗長了大痲瘋(מְצֹרַעַת)，有雪那樣白。亞倫一看米利暗長了大痲瘋(מְצֹרַעַת)』

這裡，經文講到米利暗長了<大痲瘋>希伯來文(מְצֹרַעַת)，其實就是這段妥拉的標題 <大痲瘋>(מְצֹרָע)，這兩個是同一個單字，一個是陰性單數，一個是陽性單數型態。

再來看申命記 24:8-9：

『在 大痲瘋 (הַצָּרַעַת) 的災病上，你們要謹慎，照祭司利未人一切所指教你們的留意遵行。我怎樣吩咐他們，你們要怎樣遵行。當記念出埃及後，在路上，耶和華－你上帝向 米利暗 所行的事。』

到了申命記，這時候已經是新一代的以色列百姓，到了準備要過約旦河，耶和華神仍在提說警戒當年米利暗說「惡毒的言語」去「**毀謗**」摩西因而長<大麻瘋>的事情，可見，神非常看重這件事。

其實，在猶太人的觀念裡，這個說 「**惡毒的言語**」希伯來文(**לָשׁוֹן הָרַע**) 是很嚴重的罪，**甚至比殺人還要嚴重。**

昔日的猶太文士從希伯來文的「字義」來拆解，解釋這個
「大麻瘋病患 (**מצרע**)」，正好就是
「散播-**惡毒**者(**מוציא רע**)」的意思，
因為(**רע**)這個字意思就是 **evil,wicked**.邪惡、惡毒的，而(**רע**)出現在(**מצרע**)<大麻瘋>這個字的裡面。

所以，為了要杜絕惡毒的言語、不實的謠言、甚至是攻擊性的言論所給一個信仰社群帶來的「破壞和分裂」的危機，神會讓這個「隱而未顯的罪」和這個「背地裡私下」說壞話的人「**被顯露出來**」，那方式呢？就是讓這個人長<大麻瘋>。

因此，這也就可以解釋為什麼利未記 13 章和 14 章所記載的<大麻瘋>災病，都是出現在那些「**區隔內-外**」的「**界線區**」譬如:皮膚、衣服和牆壁，因為這是要具體的告訴以色列百姓，你們人的精神-靈性內部出狀況、有問題或是有「**隱藏的罪**」的時候、會被「**外顯出來**」，並且會讓大家看到、注視到。

<大麻瘋>簡單來說，就是靈性罪惡的病症在身體上的外顯，它的目的乃是一種提醒病人「要悔改」的懲罰手段。

按照猶太的釋經傳統，除了說惡毒的言語之外，人若犯了驕傲、自私、起假誓、淫亂、偷盜、謀殺等罪惡，也都會得<大麻瘋>。

所以這樣看來，所謂的<大麻瘋>，廣義上來說，其實就是「**屬靈的不潔**」，若是這樣的話，我們每個人也都是，或曾經是<大麻瘋>病患，就像妥拉的「分段邏輯」所明示的，利未記第四段妥拉<懷孕>篇，講到新生兒出世之後是「不潔淨」的，接續來到這一段<大麻瘋>，等於就是在說:所有的新生兒來到這個世界上，從屬靈角度來講，都是不潔淨的<大麻瘋>，因為這些生命還需要日後被父母養育，用「真理」教導，使他們「對準」神，讓他們「進入」神的命定和道路中，如此這些小孩的生命，**才會由「不潔淨」逐步邁向「成聖」。**

最後，以詩篇 19:12-14 這段經文來做一個小結：

『誰能知道 自己的錯失呢？願你赦免 **我隱而未現的過錯**。求你攔阻僕人不犯任意妄為的罪，不容這罪轄制我，我便完全，免犯大罪。耶和華－我的磐石，我的救贖主啊，願 **我口中的言語、心裏的意念** 在你面前 **蒙悅納**。』

二、 強烈「傳染病」

『這是為各類 **大痲瘋** 的災病和頭疥，
並 **衣服** 與 **房子** 的 **大痲瘋**，
以及癤子、癬、火斑所立的條例，
指明何時為潔淨，何時為不潔淨。這是 **大痲瘋** 的 **條例** [2]。』利 14:54-57

זֹאת הַתּוֹרָה לְכָל-נֶגַע **הַצָּרַעַת** וְלַנָּתֶק.
וּלְצָרַעַת הַבֶּגֶד וְלַבָּיִת.
וְלַשְׂאֵת וְלַסַּפַּחַת וְלַבֶּהָרֶת
לְהוֹרֹת בְּיוֹם הַטָּמֵא וּבְיוֹם הַטָּהֹר זֹאת **תּוֹרַת הַצָּרָעַת**.

在利未記 13 章和 14 章這兩章記載<**大痲瘋**>的經文當中，我們清楚看到，那些長<**大痲瘋**>的人，都具有很強的「**傳染性**」，「傳播」的力量居然大到連「衣服」都會「被感染」災病，甚至是連<**大痲瘋**>病患所居住的屋子，他屋子裡的牆壁也會因著「被傳染」而發生「災變」。

前文提過，按照猶太傳統的釋經，<**大痲瘋**>這個病症主要是因為人說了「惡毒的語言」，說了一些不實、負面、攻擊性的言詞，無故地去「毀謗」他人所遭受到一種懲罰。

所以，<**大痲瘋**>在利未記 13 章和 14 章所記載的，主要指的是一種「內在靈性」的病症和罪惡，所引發出來的皮膚病，而且這個<**大痲瘋**>病，在經文裡被描繪成一種具有「**強烈傳染性**」的災病。

事實上，如果說<**大痲瘋**>指的是那些喜歡散播謠言、搬弄是非、說惡毒言語的人所產生的一種「罪惡和病症」的話，那麼<**大痲瘋**>，或者說「痲瘋病患」在經文中會被刻畫成是具有「**強烈傳染病**」的**帶原者**，它所到之處「都會造成」災

---

[2] 注意到「**條例**」一詞的希伯來文為(תּוֹרָה)

變和感染，那這就非常合理了。

因為，確實是「惡毒的言語」，或者說一個愛說是非、喜歡「用言語」去攻擊-毀謗他人的人，會給周遭的環境和人群帶來很強的「傳染病」，並且還會造成「災變」。

正是「負面-邪惡的言詞」會給人與人之間的關係帶來很可怕的「毀壞」，因為它會「破壞-侵蝕」人與人之間彼此的信任感，嚴重的話，還會帶來家庭的「破碎」、社會族群的「撕裂」、甚至是整個民族國家的「崩潰和瓦解」。

在妥拉(摩西五經)當中，「惡言帶來拆毀」最好的例子就是民數記 13 章和 14 章所記載的「探子」事件。當時以色列百姓已經有會幕這個「神的居所」在營地當中，有耶和華神「榮耀的雲彩」時常在會幕上方與百姓同在，摩西也作好徵兵的部屬和以色列四個營地的劃分和布陣，這個時候是以色列拔營起行，離開西奈山，要繼續上行，準備就要進入迦南地「得地為業」的預備時刻，所以摩西打發了 12 個探子出去進行偵查，不過探子回來卻說盡了許多「負面-消極」的話語。民數記 13:31-32：

『但那些和他同去的人說：「我們不能 上去攻擊那民，因為他們比我們強壯。」探子中有人論到所窺探之地，向以色列人 報惡信(דִּבַּת)，說：「我們所窺探、經過之地是吞吃居民之地，我們在那裏所看見的人民都身量高大。」

民數記 13:32 所提到的這個「惡信」希伯來文原型叫(דִּיבָה) 這個字白話的翻意就是：毀謗之詞、惡毒的言語，英文可以翻成 evil report 或 slander.。希伯來原文是一個詞組(דִּבַּת הָאָרֶץ)意思就是關於「這地 (迦南地) 的 惡信/負面報告」。

所以也就是說，十個探子對這塊「牛奶與蜜」、是耶和華神「應許」要「賞賜給」以色列百姓「得地為業」的「美好寬闊」的迦南地，說了 (與耶和華神心意和計畫) 「違背相反」的話，說了「負面-消極」的言詞，甚至是說了「惡毒-中傷」的話語，結果導致了以色列營地「全體百姓」信心「崩潰」，進而引發百姓對摩西和亞倫的「抱怨和攻擊」。

這就是民數記 14:1-2 說的：
『當下，全會眾大聲喧嚷；那夜 百姓都哭號。以色列眾人向摩西、亞倫 發怨言；全會眾對他們說：「巴不得我們早死在埃及地，或是死在這曠野。」

接下來的情況就急轉直下，因為十個探子所報的「惡信」，導致以色列遭受到耶和華神的「懲罰」，並且「延遲」進迦南地的時間，在曠野多漂流了 38 年的漫長

時間，等到出埃及那一輩的以色列百姓都「死了」之後，新一代的以色列民才能進過約旦河。這代價實在太大、太慘。民數記 14:36-37：

『摩西所打發、窺探那地的人回來，報那地的 惡信(דִּבָּה)，叫全會眾向摩西 發怨言，「這些報這地(迦南地) 惡信 的人(מוֹצִאֵי דִבַּת-הָאָרֶץ)」都遭瘟疫，死在耶和華面前。』

探子事件的餘波再發展下去，給以色列內部帶來嚴重的「分裂」危機，也就是民數記 16 章提到的「可拉叛黨」，出來挑戰摩西和亞倫的屬靈權柄，結果又給百姓帶來耶和華神的懲罰:也就是瘟疫和災禍。

前文說了這麼多，其實要說的是: 探子事件澈底實在是一樁悲劇，而且是一個本來「不該發生」的悲劇，只因為 10 個探子報了「惡信」，這 10 個人所說的「負面-消極」的言詞，就讓以色列全體百姓付出這麼慘痛的代價。

是的，「毀謗-惡毒」的言語就如<大痲瘋>篇這段妥拉所揭示的，它其實就像一種「傳染力」非常強大 的病毒，是一個可怕的傳染病。

生-死在「舌頭」的權下，謹守「口與舌」的，就保守自己免受災難。最後，用耶穌在馬太福音 12 章的一段話來彼此警惕：

『我又告訴你們，凡人所說的 閒話，當審判的日子，必要句句供出來；因為要憑 你的話 定你為義，也要憑 你的話 定你有罪。』

三、 「潔淨」三部曲

前文提過，利未記裡所提到的<大痲瘋>，主要指的是一個人內在的「屬靈病症」，當一個人「靈裡」出狀況、有問題，裡面有「不潔淨-污穢-罪惡」的時候，那麼這個人會有一個「外顯」的徵兆和現象，就是身體會出現「災變」，皮膚長<大痲瘋>。

所以，其實耶和華神是在透過<大痲瘋>這個「外在病癥」來具體的告訴也教導以色列百姓，就是當一個人靈裡面有「不潔-污穢和罪惡」的時候，那這個人的生

命當下所處的真實狀態，就是<大痲瘋>。

關於這一點，我們只要來看看利未記第 14 章，所提到的大痲瘋「潔淨」的三個階段，我們可以稱為「**潔淨三部曲**」，那就可以清楚的明白，其實利未記裡面所提及的<大痲瘋>主要是指著一個人的「靈命」狀態，一個裡面有「**罪惡-不潔淨**」的屬靈狀況。

因此，14 章所敘述的<大痲瘋>潔淨三部曲，其實就是在具體的描繪出，一個罪人是如何依序經過：

第一、決心悔改和贖罪。
第二，改頭換面-潔淨自我。
第三，將自己生命完全獻上。

以上的這三個步驟和過程，來完成罪人生命的「更新」和「重生」。

因為祭司這些「**潔淨的動作**」背後都有很清楚明白的「象徵」意涵，讓以色列百姓可以很「形象化地看到」一個靈命有污穢的罪人是如何能經歷生命的「轉化和更新」。

所以接下來，我們就先來看<大痲瘋>潔淨三部曲的第一步驟：**悔改和贖罪**。利14:4-7：

『就要吩咐人為那求潔淨的拿 **兩隻潔淨的活鳥** 和 香柏木、朱紅色 線，並牛膝草來。祭司要吩咐用瓦器盛 活水，把 一隻鳥宰在上面。至於 那隻活鳥，祭司要把牠和香柏木、朱紅色 線並牛膝草 一同蘸於 宰在活水上的鳥血 中，用以在那長大痲瘋求潔淨的人身上灑七次，就定他為潔淨，又把 活鳥 放在田野裏。』

在這段經文中，我們看到祭司給大痲瘋行潔淨的除汙禮，需要有兩隻鳥，但是這兩隻鳥的命運大不相同，**一隻要被宰殺、經歷死亡，另一隻被活放，得生命和自由**。

這兩隻鳥，一隻代表「**犯罪的老我**」，牠的結局是 死亡，所以如果不是因著神的恩典，並且容許百姓可以透過「獻祭」的方式來「贖自己的罪債」，那每個犯罪的人，都會跟這隻 被宰殺的鳥 一樣，必須面對 死亡。

至於另一隻 被活放在田野的鳥 則是是象徵生命「**得贖-得潔淨**」之後的狀態，就是「**重生、得自由**」的一個新生命。

所以這個被宰殺的鳥，牠流的血象徵「贖罪」的「血價」，讓你清楚知道，當你犯罪的時候，會有一個無辜的生命「替你死」，而另一隻活鳥蘸於「活水」上，這個「活水(מים חיים)」則是代表生命的「洗淨」和更新。

再來，我們繼續來看<大痲瘋>潔淨三部曲的第二步驟: **改頭換面-潔淨自我**。

在前面潔淨三部曲第一個步驟給<大痲瘋>做完除污禮和贖罪之後，此時這個原先患了<大痲瘋>的病人，現在可以進到以色列的營地之內，但是還需要「觀察七天」的時間，利 14:8-9：

『求潔淨的人當洗衣服，剃去毛髮，用水洗澡，就潔淨了；然後可以進營，只是要在自己的帳棚外居住七天。第七天，再把 頭上所有的頭髮與鬍鬚、眉毛，並 全身的毛，都剃了；又要洗衣服，用水洗身，就潔淨了。 』

從上面的經文中，我們看到，<大痲瘋>潔淨的第二個步驟，需要剃掉頭部三個區域的毛髮和全身的毛，這個「**剃毛髮**」的動作，按照一些猶太釋經的解釋，正是象徵著「**剃除罪惡**」的儀式。

首先，**頭髮** 代表 心思意念的傲慢、再來，長在 嘴巴周圍的**鬍鬚** 是代表**惡毒**的**言語**、最後，眉毛 則是 忌妒、仇恨。

經過<大痲瘋>潔淨的第二步驟，此時這個人已經「改頭換面」、煥然一新，也經過七天的觀察期，現在的「潔淨」程度，可以「**被允許進入**」會幕這個神聖空間，這個人能夠帶著自己的牲畜「來到神的面前」作獻祭的動作。

所以接下來就進入到<大痲瘋>潔淨三部曲的第三步驟: **將自己生命完全獻上**。利 14:14：

『祭司要取些 贖愆祭牲的 血，抹在求潔淨人 的 右耳垂上和 右手的大拇指上，並 右腳的大拇指上。 』

上面這節經文的描述令我們想起利未記第 8 章祭司的「奉獻禮」、「承接聖職」的儀式。把牲畜的血所塗抹在右耳、右手、右腳，是代表這個人和神「**立約**」，他願意「**從頭到腳**」都「**完全奉獻**」給神，讓神來使用，成為神合用的器皿。

從以上我們剛剛一路所解釋下來的利未記 14 章的<大痲瘋> 潔淨三階段：
第一，決心認真悔改和贖罪。
第二，改頭換面-潔淨自我。

第三，將自己生命完全獻上。

可以具體看到，其實這就是一幅「脫去老我、穿上新衣」的清晰圖像，這其實就是我們每個人生命經歷得救「重生」的真實寫照。

最後，以哥林多後書 5:17 的經文，來作一個小結：

『若有人在彌賽亞裡，他就是 新造的人，舊事已過，都變成新的 了。』

四、「遺精」與「月事」

『耶和華對摩西、亞倫說：
你們曉諭以色列人說：
男人若身患 漏症，他因這 漏症 就 不潔淨 了。』利 15:1-2

וַיְדַבֵּר יְהוָה אֶל-מֹשֶׁה וְאֶל-אַהֲרֹן לֵאמֹר.
דַּבְּרוּ אֶל-בְּנֵי יִשְׂרָאֵל וַאֲמַרְתֶּם אֲלֵהֶם:
אִישׁ אִישׁ כִּי יִהְיֶה זָב מִבְּשָׂרוֹ זוֹבוֹ טָמֵא הוּא

利未記 15 章是一系列處理「漏症」的律法條例，這些漏症，男人的部分主要指的就是「遺精」，精子和精液「排出」的狀況，也就上面利 15:2 的經文。

如果參考中文新譯本聖經的翻譯會比較清楚，新譯本 15:2：

『你們要告訴以色列人。如果男子的 下體 有 異常排泄，
他的 排泄物 是 不潔淨的。』

利 15:16 說的更清楚：

『男人若 夢遺 (若有 精液流出來)，
他要用水洗他的全身
必 不潔淨 到晚上。』

73

וְאִישׁ כִּי-**תֵצֵא מִמֶּנּוּ שִׁכְבַת-זָרַע**
וְרָחַץ בַּמַּיִם אֶת-כָּל-בְּשָׂרוֹ
וְ**טָמֵא** עַד-הָעָרֶב

女人「漏症」的部分則主要指的是月經、或是超過一般經期的「不正常排血」，
這就是利 15:25 說的：

『女人若在經期以外 患 多日的血漏，
或是 經期過長，有了漏症，
流血的所有日子 她就不潔淨，與她 在經期 不潔淨 一樣。』

וְאִשָּׁה כִּי-**יָזוּב זוֹב דָּמָהּ יָמִים רַבִּים** בְּלֹא עֶת-נִדָּתָהּ,
אוֹ כִי-תָזוּב **עַל-נִדָּתָהּ**:
כָּל-יְמֵי זוֹב טֻמְאָתָהּ כִּימֵי נִדָּתָהּ תִּהְיֶה טְמֵאָה הִוא

在上段妥拉<懷孕>篇，利未記 12 章一開始提到的產婦「不潔淨」我們有解釋過，
耶和華神祂所定義和規範的「不潔淨」(**טָמֵא**) 這個字，主要指的是任何關涉或
接觸到「罪-流血-死亡」等等「失去生命」或者生命「衰亡」的現象和領域的時
候，就會被稱之為「不潔淨」。

因此，再回到利未記 15 章所記載的「漏症不潔」的條例，按照我們剛剛所說的，
會牽涉到「流血」接觸到「死亡」的「不潔淨」的概念，來去理解男人和女人的
「漏症」那就會比較清楚了。

男人遺精之所以被稱為「不潔淨」，是因為這些精子最後若是沒有任何一個精蟲
和卵子結合的話，那麼這幾千萬甚至是上億隻的精子，這些將來會構成一個新生
胎兒的「淺在生命」雛形，最後的結局就是「死亡」。所以男人「遺精」正是代
表「淺在生命」(精子) 的「失去和死亡」，因而被定義為「不潔淨」。[3]

女人月經同樣是如此，因著每個月「流出」這個本來是要孕育新生命的「子宮」
內膜的血、以及「流失」一個將會構成「淺在生命」的卵子，最後這些東西就以
「月事-經血」的方式被排出。所以說 女人的月經，其實就是一個沒有和精子結
合的卵子，她最後走向「死亡」的終局，而且會跟著「子宮內膜」的血一起被排
出，因此被定義為「不潔淨」。

---

[3] 這裡，我們也就想到創世記 38 章「俄南」的例子，創世記 38:8-10：『猶大對俄南說：「你當與
你哥哥的妻子同房，向她盡你為弟的本分，為你哥哥生子立後。」俄南知道生子不歸自己，所
以同房的時候便「遺(精)在地/使精蟲在地上毀滅死亡」(**וְשִׁחֵת אַרְצָה**)，免得給他哥哥留後。俄
南所做的「在耶和華眼中看為惡」，耶和華也就叫他死了。』所以「俄南(**אוֹנָן**)」讀音 o'nan. 這
個希伯來名字，發展到現代希伯來文，就變成了男人「手淫-自慰(**אוֹנֵן**)」讀音 o'nen 的動詞。

74

所以，從前文的論述中，可以歸納出幾個重點:

第一，在利未記 15 章中所提的男女漏症，其實都跟「**生殖**」系統或「**生殖器官**」這一個會「**孕育生命**」、「**繁衍後代**」的活動有密切關係。

第二，從耶和華神所定義下的「漏症」不潔，也就是男人遺精，以及女人的月事來看，耶和華神其實對「**聖潔**」的標準很高，**任何不會帶來「生育」、並造就「新生命」的性活動都被定義為「不潔淨」**，任何不以「盟約」為基礎的「婚姻-家庭」關係的性活動都會被看作是「不潔淨」的，甚至是被耶和華神所憎惡的。[4]

從利未記的發展脈絡看下來，利未記第 9 章會幕「開幕」，正式「運作」之後，以色列百姓就進入到一個新的里程碑，開始要在生活的各個層面上學習「**成聖**」，學習「**分別-為聖**」，所以耶和華神立刻「介入」也「嚴格規範」以色列百姓兩個最重要的日常活動，一個是「**飲食**」，另一個就是「**生育**」。

因此，在利未記第 9 章會幕的開幕大典之後，耶和華神馬上就在利未記第 11 章頒布「**潔淨飲食**」條例，然後在第 12 章進一步規範<懷孕>產婦的不潔，再到 15 章嚴格界定男女「**生殖**」系統的「**漏症不潔**」等等的聖法和條例。

耶和華神之所以要對以色列百姓作出「**最高標準**」的嚴格的規範，其實目的是要他們「**時常意識**」到「**不潔淨**」的危險，也時刻警醒自己，務要「**追求聖潔**」，因為以色列的「特殊使命」就是被耶和華神「呼召」出來，要成為『祭司的國度、聖潔的子民』，是要在列國當中作一個「神聖-潔淨」的楷模和樣板。

所以，以色列作為「神聖國度」的代表，因著有這位創造天地宇宙萬物的耶和華神超然的「**臨住和同在**」，所以才會要求以色列百姓在「性」這件事 全然「**分別為聖**」，因此才制訂出這麼嚴格的「潔淨」條例，正如利 15:31-33 說的:

> 『你們要這樣使以色列人 **分別為聖**，**離開他們的污穢**，
> 免得他們玷污 **我在他們中間的帳幕 (מִשְׁכָּנִי אֲשֶׁר בְּתוֹכָם)**，就因自己的污穢死亡。
> 這是患漏症和夢遺而不潔淨的，並有月經病的和患漏症的，無論男女，
> 並人與不潔淨女人同房的條例。』

最後，用彼得前書 1:14-16 這段經文來作一個小結:

---

[4] 見利未記 18,20 章，同參利未記 No.6 妥拉<死了之後>篇之第五段「聖地與聖潔」，以及利未記 No.7 妥拉<成聖>篇之第三段「根源性的罪」。

『你們既作順命的兒女，就不要效法從前蒙昧無知的時候 **那放縱私慾** 的樣子。
那召你們的 既是聖潔，你們 在一切所行的事上 也要聖潔。
因為 經上記著說：
「你們要聖潔，因為我是聖潔的。[5]」』

五、 耶穌與大痲瘋

前文提過，猶太人認為，人會長<**大痲瘋**>主要是因為說「惡毒的話」、靈裡「不潔」犯罪而得到一種屬靈的、同時也是身體的病症。

當一個人被祭司斷定為<**大痲瘋**>的時候，他就會「**被隔離**」在社群之外、離群索居，所以除了身體受到病痛的侵蝕，其實痲瘋病人的心靈遭受的折磨更大。因為除非<**大痲瘋**>痊癒、並且還需要經過一套複雜的「潔淨-獻祭」流程，最後要由祭司「斷定」這個人為「潔淨的」。那麼，他才能回到自己的家，進到自己的社群當中，否則這個痲瘋病患將會一輩子成為被社會所遺棄的邊緣人一樣。

不過要說的是，耶穌的時代，當時在第二聖殿那座大希律王所擴建外表豪華、富麗堂皇的聖殿裡，所供職的那些祭司們，其實是一群「已經腐化」的權貴階層，這些祭司們和羅馬政府「政-教勾結」，圖謀利益，作出許多不公不義的事情。約翰福音 2:13-16：

『猶太人的逾越節近了，耶穌就上耶路撒冷去。看見 **殿裏** 有賣牛、羊、鴿子的，並有兌換銀錢的人坐在那裏，耶穌就拿繩子做成鞭子，把牛羊都趕出殿去，倒出兌換銀錢之人的銀錢，推翻他們的桌子，又對賣鴿子的說：「把這些東西拿去！**不要將「我父 (耶和華神) 的殿」當作買賣的地方。**」』

是的，聖殿此時居然變成買賣的地方，聖殿裡的祭司們竟然變成了貪圖銀錢的商人，官商勾結，圖謀不法，所以耶穌才非常的氣憤，去聖殿裡推翻兌換銀錢的桌子。

如果說當時的聖殿和祭司是這樣「腐敗」的話， 那麼對於這些患了<**大痲瘋**>的病人來說，其實他們的人生確實是沒有盼望的，因為他們知道，現在這群在聖殿

---

[5] 這句利未記的「關鍵鑰句」，見這幾處經文：利 11:44, 19:2, 20:7, 20:26.

裡貪圖名利的祭司們，沒有辦法醫治他們，也不能實際的去解決他們身體靈性的「病症和不潔淨」。

不過，諷刺的是，真正需要被潔淨的，反到是這些所謂的「宗教權貴」，因為從屬靈上來說，這群號稱「聖潔的」祭司、「自以為義」的文士和假冒為善的法利賽人，才是一群真正「不潔淨」的<大痲瘋>病患。

『你們這 假冒為善的文士和法利賽人 有禍了！因為你們正當人前，**把天國的門關了**，自己不進去，正要進去的人，你們也不容他們進去。因為你們侵吞寡婦的家產，假意做很長的禱告，所以要受更重的刑罰。』馬太福音 23:13

『你們這 假冒為善的文士和法利賽人 有禍了！因為你們將薄荷、茴香、芹菜獻上十分之一，那律法上更重的事，就是 公義、憐憫、信實，反倒不行了。』馬太福音 23:23

『你們這 假冒為善的文士和法利賽人 有禍了！因為你們好像粉飾的墳墓，外面好看，裏面卻裝滿了死人的骨頭和 一切的污穢。』馬太福音 23:27

上面的這幾段經文，我們看到耶穌很嚴厲地指責這些自認為「很懂律法」-自以為「聖潔的」文士和法利賽人，耶穌一眼就「看穿」他們，看到他們「裡面」的不潔淨，甚至是一切的「汙穢」。

是的，正如耶穌自己說的，路加福音 5:31-32：
『無病的人用不著醫生；有病的人才用得著。我來本不是召義人悔改，**乃是召罪人悔改**。』

對於那些自以為潔淨的、自以為公義的祭司、文士、法利賽人來說，他們自認為他們「並不需要」耶穌的「醫治-潔淨」，所以耶穌就轉向了那些被人看為「不潔的」、謙卑的、是憂傷痛悔、真正有病痛的人，耶穌「去接近」他們，去憐憫他們、「去醫治」他們。

耶穌「去親近」那些在祭司們、在眾人看來被定為「不潔淨」的<大痲瘋>病患，這些必須被隔離、長年孤獨、被社會遺棄的邊緣人，這實在是完全彰顯了父神耶和華的「慈愛」。

和祭司們對不潔的<大痲瘋>的「遠離」相反，耶穌的「**親近-靠近**」給這些<大痲瘋>首次帶來了人間的溫暖，這還不夠，耶穌還一次地「完全醫治」好<大痲瘋>，讓痲瘋病患立刻「得潔淨」。

『有一個長 **大痲瘋** 的來拜他，說：「主若肯，必能叫我 **潔淨** 了。」耶穌伸手摸他，說：「我肯，你 **潔淨** 了吧！」他的 **大痲瘋** 立刻就 **潔淨** 了。耶穌對他說：「你切不可告訴人，只要去把身體給祭司察看，**獻上摩西所吩咐的禮物**，對眾人 **作證據。**」』馬太福音 8:2-4

這裡我們看到，耶穌除了「按照妥拉」的定例叫這位痲瘋病患去給祭司查看，並完成獻祭的動作，更重要的是，耶穌還有「大過於」那些在聖殿裡祭司的權柄，因為耶穌可以「**直接醫治**」、「**直接潔淨**」，同時也是「**直接赦罪**」，讓這個<**大痲瘋**>「完全脫離」不潔淨的狀態，得以重拾人生的盼望，回到自己的社群和生活之中，並且向祭司，也向眾人「作見證」。

見證耶穌，就是父神耶和華所差來的那位彌賽亞，耶穌有「**醫治和赦罪**」的權柄，因為耶穌自己就是那位在利未記裡 **親自制訂「潔淨-不潔淨」聖法**的那一位，正如耶穌自己說的：

『我與父 (耶和華) **原為一**。』約翰福音 10:30

是的，作為愛子的耶穌清楚知道父神的「聖潔」標準，所以作為「不潔淨」的人，我們是沒有辦法來到聖潔的父神面前，但是因著耶穌的愛、祂的憐憫、祂的「**靠近**」、祂使我們「**得潔淨**」，我們才得著生命的盼望，才能來到父神面前。

感謝耶穌，因著祂對我們那原來是「污穢不潔」如同<**大痲瘋**>一般的生命「**不離不棄**」，所以我們才得以 **被挽回，生命得拯救**，是的，就如耶穌自己所說的：

『我就是 **道路、真理、生命**。
若不藉著我，沒有人能到父 (耶和華) 那裡去。』約翰福音 14:6

問題與討論：

1. 在利未記裡面，<大痲瘋>到底真正指的是什麼樣的病症？ 是什麼樣的人會患上<大痲瘋>？

2. 在利未記 13,14 這兩章記載<大痲瘋>的經文中，清楚看到，那些長<大痲瘋>的人，都具有很強的「**傳染性**」，「**傳播**」的力量居然大到連「衣服」都會「被感染」災病，甚至連<大痲瘋>病患所居住的「屋子」，他屋子裡的「牆壁」也會因著「**被傳染**」而發生「**災變**」。為什麼經文要這樣具體甚至是誇張地描述<大痲瘋>的「**強烈傳染性**」，這是因為人做了什麼樣的舉動和行為，而被描繪成一項「強烈傳染病」？

3. 在利未記第 14 章所提到的大痲瘋「潔淨」三階段，稱為「**潔淨三部曲**」，其實就是在具體的描繪出，一個罪人是如何依序經過哪三個步驟和過程，來完成罪人生命的「更新」和「重生」，藉此讓百姓可以很「形象化地看到」一個靈命有污穢的罪人，是如何能經歷生命的「轉化和更新」。

4. 利未記 15 章所記載的「**漏症不潔**」的條例中，為什麼「男人遺精排泄」和「女人月事血漏」會耶和華神被定義為「**不潔淨**」？

5. 在新約的福音書中，耶穌是怎麼樣去面對<大痲瘋>患者，而當時的祭司、文士和法利賽人又是如何去面對<大痲瘋>病患，以至於耶穌會責備他們是一群「假冒為善的人」？

利未記 No.6 妥拉

<死了之後>篇（פרשת אחרי מות）

本段妥拉摘要：

利未記第六段妥拉標題<死日之後>，希伯來文(אַחֲרֵי מוֹת)。這段妥拉講述到大祭司所必須執行的一種非常特別、而且是非常重要的獻祭，這個獻祭一年只有一次，而且代贖的對象是以色列「全體百姓」，代贖的內容是百姓過去所犯的「一切過犯罪惡」，這個祭就是「贖罪日」的獻祭，是一年當中最神聖莊嚴的一次獻祭，而且也是所有獻祭裡面，唯一一個需要進到「至聖所」裡面，在約櫃的「施恩座」前彈血的獻祭。

贖罪祭的獻祭，特別的地方在於，需要預備「兩隻公山羊」來為全體百姓的獻祭，第一隻要「歸耶和華神」，而且需要「被宰殺」，牠的血要被帶進至聖所裡面，彈在約櫃的蓋板，也就是施恩座上面。第二隻要歸給「阿撒瀉勒」的羊，則是讓牠活著來「承擔-背負」全體百姓的所有罪愆，然後讓牠被送到猶大曠野中一處的斷崖，把這隻歸給阿撒瀉勒的羊，推到懸崖山谷的深淵之下。

贖罪日的這兩隻公山羊的獻祭，都是在預表彌賽亞耶穌為眾人所作的贖罪祭，第一隻歸耶和華的公羊被宰殺，牠的血被帶進「至聖所」裡面贖罪，這就正如希伯來書 9:12 說的『並且不用山羊和牛犢的血，乃用 (彌賽亞) 自己的血，只一次進入聖所，成了永遠贖罪的事。』

第二隻公羊則是透過亞倫的按手，把以色列百姓所有的過犯罪孽「都歸到」這隻準備要被帶到象徵「死亡深淵」的阿撒瀉勒，這也同樣是在預表耶穌「承擔-背負」我們眾人一切的過犯罪孽，被帶到死亡陰間之處，如以賽亞書 53:6-7 節所清楚描繪的『我們都如羊走迷；各人偏行己路；耶和華使我們眾人的罪孽都歸在他身上。他被欺壓，受苦的時候卻不開口；他像羊羔被牽到宰殺之地。』

感謝神，彌賽亞耶穌已經勝過黑暗的死亡權勢，耶穌從「死裡復活」，成就了贖罪日「最完滿」的預表性意涵。

利未記 No.6 妥拉 <死了之後> 篇 (פרשת אחרי מות)

經文段落:《利未記》16:1 - 18:30
先知書伴讀:《以西結書》22:1-19
詩篇伴讀: 26
新約伴讀:《羅馬書》3:19-27, 9:30-10:13、《加拉太書》3:10-14、《希伯來書》9:11-28

一、 靈命「大檢修」

利未記第六段妥拉標題<死了之後>。經文段落從利未記 16 章 1 節到 18 章 30 節。
<死了之後>這個標題，在利 16:1:

『亞倫的兩個兒子近到耶和華面前死了。**死了之後**，耶和華曉諭摩西說：』
וַיְדַבֵּר יְהוָה אֶל-מֹשֶׁה **אַחֲרֵי מוֹת** שְׁנֵי בְּנֵי אַהֲרֹן בְּקָרְבָתָם לִפְנֵי-יְהוָה וַיָּמֻתוּ

<死了之後> (אַחֲרֵי מוֹת) 這個詞組，出現在上面希伯來文，利 16:1 的第五和第六
個字，這個詞組，就是本段妥拉的標題。

<死了之後>這一段妥拉一開始又再次提說亞倫的兩個兒子: 拿達和亞比戶因為
「隨便地」擅自入闖聖所而遭到聖火燒滅的<死亡>事件，在他們<死了之後>，
耶和華神又再度重申並且告誡亞倫，以及亞倫其他剩下的兒子們一件事情，就是:

你們這些作祭司的當知道你們所肩負的「職分」是 **嚴肅而且重大的**，你們要曉
得「**會幕**」這個有「**神榮耀同在**」神聖空間的一個最主要的功能，就是「**贖罪**」，
而且「只有」你們祭司才能來到會幕的至聖所前面「代替」全體百姓贖罪，特別
是在「**贖罪日**」這一天，這個一年一次在所有「耶和華節期」中最具有指標性的
一個日子:贖罪日，因為它將會給百姓贖「所有過往-一切的罪」。所以，在拿達
和亞比戶<死了之後>，耶和華神才這樣再度提醒亞倫，也就是接下來利 16:2 說
的:

『要告訴你哥哥亞倫，**不可隨時進** 聖所的幔子內、到櫃上的 **施恩座(הַכַּפֹּרֶת)** 前，
免得他死亡，因為我要從雲中 **顯現** 在 **施恩座 (הַכַּפֹּרֶת)** 上。』

利 16:2 這節經文兩次提到「施恩座(כַּפֹּרֶת)」這個字，這個關於「贖罪日」最關鍵重要的單字，(כַּפֹּרֶת)施恩座 這個字它的字根(כפר)意思就是「覆蓋、遮蓋」，所以「施恩座」這個字更白話的翻譯就是指約櫃上方的「遮蓋-蓋板」，而大祭司在「贖罪日」所替百姓做「贖罪」的動作，其實就是透過無辜牲畜的宰殺和所流的血，去暫時地「塗抹、遮蓋」以色列百姓的罪。因此，「贖罪日」希伯來文就稱為(יוֹם כִּפּוּר)，白話的意思就是「遮蓋-遮蔽」罪惡之日。

讓我們稍微回顧一下利未記前面經文發展的脈絡，利未記前面 1-8 章都在講祭司和以色列百姓要如何透過「獻祭」來「親近」神，所以一開始講述各樣的獻祭種類，以及獻祭的細節。

等到祭司和百姓都知道如何獻祭和「親近」這位「超越、無限又榮耀」的耶和華神之後，接下來就是利未記第 9 章講到的會幕「開幕」大典，這是以色列出埃及之後歷史發展進程的一個最重要的里程碑，就是: 從現在開始，有神的「神聖居所和同在」豎立在百姓的營地「當中」，所以接下來耶和華神立刻頒布一切相關的「潔淨-不潔淨」的聖法條例，進一步地將神的「神聖-聖潔」灌輸到，或者說「介入到」百姓生活的各個層面。

所以，接下來從利未記第 11 章到 16 章的經文內容，也就是從第三段妥拉<第八日>篇開始，到第四段<懷孕>篇、再到第五段<大痲瘋>篇，最後來到第六段<死日之後>篇達到一個高峰，這四段妥拉的內容出現了許多各種分別「潔淨-不潔淨」的相關條例: 在利未記 11 章到 16 章的內容當中，開始大量出現「潔淨的」和「不潔淨的」的字眼，「潔淨-不潔淨」的字詞出現的頻率和密度，在這幾章的經文當中異常的高，幾乎占了整本希伯來聖經的三分之一。

另外，在這些耶和華神嚴格界定的各樣「不潔淨」的條例中，我們也看到妥拉經文敘事經常會使用的一種技巧叫「一詞七現」[1]，或是同一詞組、同一句型重複出現「七次」的修辭。

1. 十一章開始，出現了飲食的「不潔淨」
2. 十二章有婦女<懷孕>生產的「不潔淨」
3. 十三章<大痲瘋>病患皮膚和衣物的「不潔淨」
4. 十四章 1-32 節是講述大痲瘋皮膚「不潔淨」的除污禮
5. 十四章 33-57 節是房屋牆壁因大痲瘋發生的災變「不潔淨」
6. 十五章開始講到男女的漏症「不潔淨」
7. 十六章贖罪日要全力清除所有罪孽過犯的「不潔淨」

---

[1] 這個「一詞七現」的修辭，在前面利未記 No.2 妥拉<吩咐/命令>篇之第五段「照神所吩咐的行」的文本內容中曾經介紹過。

在前面列出的這七種「不潔淨」的條例中，經文都會出現同樣的格式：

『這是...的條例』

(זאת תּוֹרַת)

而且「**條例**」這個字用的都是 **(תּוֹרָה)** 這個表示是耶和華神「直接頒布」，「第一手」向摩西所啟示出的聖法，**(תּוֹרָה)** 這個字顯示出這些「潔淨法」是耶和華神「非常看重」的條例和法度，我們依序來看看這七個「**不潔淨**」條例的經文出處：

第一、飲食的「不潔淨」，在利 11:46 這裡說到：『**這是**走獸、飛鳥，和水中游動的活物，並地上爬物**的條例。**』

第二、<懷孕>生產的「不潔淨」，12:7『**這是**生育婦人**的條例**，無論是生男生女。』

第三、<大痲瘋>皮膚和沾染衣物的「不潔淨」，在 13:59『**這是**大痲瘋災病的**條例**，無論是在羊毛衣服上...。』

第四、大痲瘋皮膚「不潔淨」的除污禮，14:32『**這是**那有大痲瘋災病，...得潔淨之物的人**的條例**。』

第五、房屋的「不潔淨」，在 14:57『指明何時為潔淨，何時為不潔淨。**這是**大痲瘋的**條例**。』

第六、漏症「不潔淨」，在 15:32-33『**這是**患漏症...**的條例**。』

第七、最後來到累積以上所有「不潔淨」的高峰點的 **贖罪日**，要一次清除所有罪孽過犯的「不潔淨」經文，在 16:34 這裡：『**這要作你們永遠的定例**－就是因以色列人一切的罪，要一年一次為他們贖罪。』

以上，講了這麼多，耶和華神所制定出如此繁複龐雜的「**不潔淨**」的條例，其實目的 **是要百姓「常常意識」到自己的不潔和罪惡，哪怕是「一絲一毫」的不潔淨，神都要百姓注意到、察覺到，**因此才會訂定這麼嚴格的「聖潔」條例。因為，神如此在以色列百姓生活的「各個層面」上要求「保持潔淨」，這樣才能達到他們「全然成聖」的最高境界。[2]

簡單來說，「完全地潔淨」自我，其實是為了要預備 **朝見神，站立在這位聖潔的神面前。**

所以，按照利未記的發展脈絡看下來，當會幕開始豎立和運作之後，耶和華神為了要讓以色列進入全然「分別為聖」，脫離所有的不潔和罪惡，所以才曉諭以色列人，界定出這麼多「**不潔淨**」的條例，然後這些諸多不潔淨的條例，從利未記 11 章開始一直「**逐步累積**」到第 16 章，就來到一個高峰，因為出現了一個叫做「**贖罪日**」的條例，是要來「**清除、掃蕩**」所有一切的不潔和罪孽，要來作一個

---

[2] 所以接續在第六段妥拉<死了之後>篇的利未記第七段妥拉正好就是<成聖>篇。

全盤的、一年一度的「靈命大檢修」，正如利 16:30 說的：

『因在這日要為你們 贖罪，使你們 潔淨。
你們要在耶和華面前 得以 潔淨，脫盡一切的罪愆。』

是的，正如這段妥拉的標題和內容所講述的，在贖罪日「清除所有」的不潔淨和
罪惡，在老我<死了之後>，就要展開「全新-聖潔」的生命了，因此我們各人也
可以問問自己：我們是不是也需要有固定的時間，來「全盤撿視」，「全面檢修」
自己的靈命呢？

二、 兩隻公山羊

贖罪日 這個節期是所有「耶和華節期」當中最神聖、最莊嚴肅穆的一個節期，
它是唯一一個在經文中被提及需要「刻苦己心」的節期，同時，贖罪日這個節期
所需要做的一種「特別的獻祭」，也清楚的是在預表耶穌為眾人所做的「贖罪祭」。

來看利 16:5,7-8：

『要從以色列會眾取 兩隻公山羊 為 贖罪祭...；
也要把兩隻公山羊安置在會幕門口、耶和華面前，
亞倫為那兩隻羊拈鬮，
一鬮歸與耶和華，一鬮歸與阿撒瀉勒。』

וּמֵאֵת עֲדַת בְּנֵי יִשְׂרָאֵל יִקַּח שְׁנֵי-שְׂעִירֵי עִזִּים לְחַטָּאת
וְלָקַח אֶת-שְׁנֵי הַשְּׂעִירִם וְהֶעֱמִיד אֹתָם לִפְנֵי יְהוָה פֶּתַח אֹהֶל מוֹעֵד.
וְנָתַן אַהֲרֹן עַל-שְׁנֵי הַשְּׂעִירִם גּוֹרָלוֹת
גּוֹרָל אֶחָד לַיהוָה, וְגוֹרָל אֶחָד לַעֲזָאזֵל

在上面的經文中，清楚地描述到，在贖罪日當中，大祭司為「全體百姓」所做的
「贖罪祭」需要有 兩隻公山羊，一隻歸耶和華，另一隻給阿撒瀉勒。

歸耶和華的這一隻公山羊，是需要被宰殺的，而且大祭司要將這隻公羊的血帶進
會幕的「至聖所」裡面，用牠的血彈在約櫃上面的「蓋板」也就是「施恩座」上

面，就是利 16:15 說的：

『隨後他(大祭司) 要 宰 那為百姓 作贖罪祭 的公山羊，
把 羊的血 帶入幔子內…
彈在施恩座的上面 和 施恩座的前面。』

וְשָׁחַט אֶת-שְׂעִיר הַחַטָּאת אֲשֶׁר לָעָם
וְהֵבִיא אֶת-דָּמוֹ אֶל-מִבֵּית לַפָּרֹכֶת; ...
וְהִזָּה אֹתוֹ עַל-הַכַּפֹּרֶת וְלִפְנֵי הַכַּפֹּרֶת

這隻 被宰殺的公山羊，其實正是表達了耶穌為眾人的「罪價」而死，耶穌「代替」眾人來「償還」人們犯罪的血價，這個因為我們「犯罪」而欠神的血債，藉著 耶穌在十字架上「一次性」的受苦受死，祂的寶血使我們的債務得以「全部還清」，這就是希伯來書 9:12 說的：

『並且不用山羊和牛犢的血，乃用 (彌賽亞) 自己的血，
只 一次進入聖所，成了 永遠贖罪 的事。』

在大祭司獻完第一隻歸給耶和華神的公山羊之後，接下來他要處理第二隻公山羊，就是這隻歸於「阿撒瀉勒」的公山羊，在利 16:21-22：

『亞倫要把他的雙手 按在那隻活羊的頭上，
在牠上面承認以色列人 諸般的罪孽和他們的過犯，就是 他們一切的罪愆，
把它們都歸在這羊的頭上，
藉著所派之人的手，送到曠野去。
這羊要擔當他們一切的罪孽，帶到 無人之地，他要把這羊放在曠野。』

וְסָמַךְ אַהֲרֹן אֶת-שְׁתֵּי יָדָו עַל רֹאשׁ הַשָּׂעִיר הַחַי
וְהִתְוַדָּה עָלָיו אֶת-כָּל-עֲוֹנֹת בְּנֵי יִשְׂרָאֵל וְאֶת-כָּל-פִּשְׁעֵיהֶם לְכָל-חַטֹּאתָם
וְנָתַן אֹתָם עַל-רֹאשׁ הַשָּׂעִיר
וְשִׁלַּח בְּיַד-אִישׁ עִתִּי הַמִּדְבָּרָה.
וְנָשָׂא הַשָּׂעִיר עָלָיו אֶת-כָּל-עֲוֹנֹתָם אֶל-אֶרֶץ גְּזֵרָה וְשִׁלַּח אֶת-הַשָּׂעִיר בַּמִּדְבָּר

上面 22 節經文裡提到的「無人之地」(אֶרֶץ גְּזֵרָה) 這個詞組後面那個字(גְּזֵרָה) 它的字根(גזר)意思就是「切除-斷絕」，所以「無人之地」白話的翻譯就是「斷絕-切斷」一切、完全「偏僻荒涼的隔離」之境，英文就 desolate, isolated land.

而這個「無人之地」的地方就是所謂的「阿撒瀉勒」，大部分的猶太釋經傳統都

85

認為，「阿撒瀉勒」指的就是猶太曠野中一處崎嶇陡峭的懸崖，下面有山谷和深淵。

所以其實第二隻存活的公山羊，牠最後的結局也是死亡，只不過牠是「活著-背負」以色列百姓所有一切的過犯罪孽，被丟到這個象徵「罪惡死亡」的山谷「深淵」之中。

和第一隻歸給耶和華神的公山羊一樣，這個歸給阿撒瀉勒的公山羊，其實也是在預表耶穌所為我們眾人作的贖罪祭。因為父神將眾人的罪孽過犯「都歸到」耶穌的身上，使祂「活著-背負」眾人的罪孽，被送往「阿撒瀉勒」這個代表罪惡和死亡的無盡「深淵」之中，就正如以賽亞書 53:6-7 所清楚描繪的：

『我們都如羊走迷；各人偏行己路；
耶和華使我們眾人的罪孽都歸在他身上。
他被欺壓，受苦的時候卻不開口；
他像羊羔 被牽到 宰殺之地，
又像羊在剪毛的人手下無聲，他也是這樣不開口。』

耶穌雖然被推到「阿撒瀉勒」這個死亡的深淵之中，但是祂 **戰勝死亡，勝過「撒旦-陰間-死亡」**的權勢，三天後復活。用這一段妥拉的標題來說，就是在耶穌<死了之後>，祂的「死裡復活」永遠成就了就贖之工。

最後我們來思想一下在贖罪日所需要的「這兩隻公山羊」，牠們的「贖罪祭」背後所代表的象徵意涵是什麼？

首先、贖罪日所獻的這兩隻公山羊，一隻歸耶和華，另一隻歸給代表死亡深淵的「阿撒瀉勒」，這個寓意很清楚，這是要告訴以色列百姓，**你們的生活和生命，要麼是「歸耶和華為聖」，要麼就是「歸給阿撒瀉勒」掉入罪惡深淵。**人生在世必然要在「神聖-罪惡」、「潔淨-污穢」之間作選擇，這是 無法中立的。這就好像是耶穌在登山寶訓說的，馬太福音 6:24：

『**一個人不能侍奉兩個主，**
不是惡這個愛那個，就是重這個輕那個。
你們不能又侍奉神，又侍奉瑪門。』

第二、如果第一隻歸給耶和華被宰殺的公山羊是代表耶穌為我們所「償還罪債」的贖罪祭，使我們現在的生命「得贖」成為「自由」之後；那麼第二隻「帶走」一切過犯罪孽要被打發帶走，歸給「阿撒瀉勒」的羊則是預表我們每個重生得救

之後的人，現在開始要準備「進入潔淨-邁向成聖」。

也就是說，有了第一隻公山羊為我們贖罪「償還罪債」這還不夠，我們還需要盡可能地 把罪「丟得遠遠」的，丟到「阿撒瀉勒」那個深淵去。所以說第二隻歸給「阿撒瀉勒」的公山羊，其實要贖的，是我們日後將來可能會犯下的「潛在犯罪」的「心思意念」。

因為，人雖然信主了，罪債得贖了，但是因為人是血肉之軀，「潛在的」犯罪心思「意念」，仍然會在我們的靈裡蠢蠢欲動，肉體慾望的潛在犯罪的誘惑力量還在，所以要「持續潔淨」，「繼續抵擋」罪惡的誘惑。這個就是為什麼還需要有第二隻歸給「阿撒瀉勒」的公山羊的贖罪祭，它背後真正的深刻意涵。

三、 贖罪日的預表

在利未記裡面提到所有的「獻祭」制度，特別是「贖罪日」的規條，其實是表達出神的「憐憫和恩典」。我們可以歸根結柢地這麼說：摩西的律法(也就是妥拉) 它的核心乃是「獻祭」，這明顯地證明：耶和華神知道以色列百姓沒有能力去遵行妥拉；所以獻祭制度的出現乃是宣告「神的恩典」，以及神祂願意「寬恕」祂百姓的罪過。

來看羅馬書 3:24-25：
『如今卻蒙上帝、父神耶和華的恩典，因著父神的愛子彌賽亞:耶穌的救贖，就白白地稱義。這位以色列的聖者、父神:耶和華，祂親自將祂的愛子，就是那位生來要做以色列的王:耶穌 當作「挽回祭、贖罪祭」，是憑著耶穌的血，藉著人的信，要顯明上帝的義..』

「挽回祭」希臘文(ἱλαστήριον) 這個字在七十士譯本通常是用來對翻希伯來文的「施恩座」(כַּפֹּרֶת)，也就是約櫃上面的那一個「覆蓋」、蓋板，是大祭司在「贖罪日」的時候「一年一次」進入到「至聖所」裡面，為全體以色列百姓贖罪，將牛羊的血所灑在上面的地方。

「施恩座」(כַּפֹּרֶת) 這個字，裡面有(כפר) 「覆蓋、遮蓋」這個字根，因為贖罪的動作，就是透過無辜牲畜的宰殺和所流的血，去暫時地「塗抹、遮蓋」以色列

87

百姓的罪

獻祭、會幕、聖殿，這些東西其實都是在預表彌賽亞耶穌道成肉身的「救贖」工作。這表明，耶穌，祂就算是神的兒子，也仍「需要按照」耶和華神所設立的會幕，所要求的「**獻祭**」、「**流血、贖罪**」的這一流程來進行。

耶穌並沒有仗勢著自己是「父神耶和華的兒子」這一尊貴的身分，就走捷徑，旁門左道，也就是透過一種「不需經歷」痛苦、流血、死亡的方式來為眾人贖罪。比方說，耶穌拿一隻刀片，在自己手上劃一刀，流血，然後就向父神說，我已經完成為全人類贖罪的工作，沒有..

前文讀過的希伯來書 9:12『並且不用山羊和牛犢的血，**乃用自己的血**，只一次進入聖所，成了永遠贖罪的事。』

也就是說，耶穌用「**自己的身體和流血**」，來替以色列百姓和全人類，來到耶和華神的「**施恩座**」前，做 **獻祭** 和 **贖罪** 的動作。所灑在施恩座上面的血，不是大祭司用公牛和公羊灑的血，乃是：彌賽亞耶穌祂自己寶貴的鮮血。

因此，藉著彌賽亞耶穌這個「**無瑕疵**」的獻祭，這「**完全純潔**」的生命寶血，耶穌「**贖罪的功效、力量**」，當然就「**超越**」所有過去以色列百姓用牛、羊所做的獻祭。就正如希伯來書 10:11-12 所說：

『凡祭司天天站著事奉上帝，
屢次獻上 一樣的祭物，這祭物(牛羊牲畜) 永不能除罪。
但彌賽亞獻了 一次永遠的贖罪祭，就在上帝的右邊坐下了。』

是的，彌賽亞耶穌，祂就是「贖罪日」最終的成全，耶穌用自己的身體和鮮血所獻的祭永遠成就、完成了「人類贖罪」的工作。所以接著希伯來書 10:18 說：

『這些罪過既已赦免，**就不用 再為罪 獻祭了**。』

意思是說，以後再也不需要透過宰殺牛、羊的方式來獻祭和贖罪。

世界上，大概沒有一個國家和民族，像以色列-猶太人這樣，會有一個節期叫做「贖罪日」，這樣一個，一年一度『全國性反省、悔改、尋求赦免』的大日。

『因在這日要為你們行蔽罪、贖罪禮,使你們「潔淨」。你們就在耶和華面前「得以潔淨」,脫離你們「一切的罪愆」。這對你們是安息日中的安息日 (聖安息日),你們要刻苦己心;這為永遠的定例。』利 16:30-31

以色列百姓出埃及,還在曠野的時候,耶和華神就告訴他們要遵守「贖罪日」這個「耶和華神的節期」。

但或許耶和華神已經「預見未來」,知道這個「硬著頸項」的百姓,會「拒絕」祂所差來到世上的彌賽亞:耶穌,以及耶穌所做的「贖罪祭」,所以兩、三千年猶太人世世代代所做的贖罪,這個遵循「贖罪日」禮儀的「全國性的悔改」,就變成了每年一次的 **預演和排練**,這個預演和排練正式為著「末後的日子」作準備。撒迦利亞書12:9-10 ,耶和華神說:

『那日,我必定意滅絕來攻擊耶路撒冷各國的民。我必將那施恩叫人懇求的靈,澆灌 大衛 家和 耶路撒冷 的居民。**他們必仰望我** ,就是 **他們所扎的**;必為我悲哀,如喪獨生子,又為我愁苦,如喪長子。 』

這個我們前面說的「預演和排練」,其實就是為著彌賽亞耶穌祂的第二次再來做準備,因為 終末論的「**贖罪日**」就是:以色列的,特別是 (屬靈-宗教) 的領袖,他們將會帶領「以色列全家」,來到神面前「悔改」,是為著一件「**全國-集體性的罪**」,就是: 2000 年前,那一個「沒有承認」耶穌是彌賽亞以及祂所成就的贖罪祭的世代,他們的「這樁罪過」來悔改。

也就是馬太福音 23:36-39,耶穌說的這一段話:
『我實在告訴你們,**這一切的罪都要歸到 這世代了**。耶路撒冷啊,你常殺害先知,又用石頭打死那奉差遣到你這裏來的人。我多次願意聚集你的兒女,好像母雞把小雞聚集在翅膀底下,只是你們不願意。看哪,你們的家成為荒場留給你們。我告訴你們,從今以後,你們不得再見我,**直等到你們說**:『 **奉主(耶和華)名來的 是應當稱頌的**。』

是的,「**終末論的贖罪日**」必然發生,那是因為耶和華神「仍然紀念」祂與以色列先祖所立的「永約」,也就是利 26:40-42 這段具有預表性的經文所說的:『他們要承認自己的罪和 他們 祖宗的罪,就是 干犯我 (耶和華) 的那罪,並且承認自己**行事與我 (耶和華) 反對**,我所以行事與他們反對,把他們 帶到仇敵之地。那時,他們未受割禮的心若謙卑了,他們也服了罪孽的刑罰,**我就要記念我與雅各所立的約**,與以撒所立的約,與亞伯拉罕所立的約,並要記念這地 (以色列地)。 』

最後，我們用羅馬書 11:25-27 這段經文來作一個小結：

『弟兄們，我不願意你們不知道這奧祕，恐怕你們自以為聰明，就是：以色列人有幾分是硬心的，等到外邦人的數目添滿了，於是 **以色列全家都要得救**。如經上 (以賽亞書 59:20-21) 所記：「**必有一位救主從錫安出來，要消除雅各家的一切罪惡。**」 又說：「**我除去他們罪** 的時候，這就是 **我與他們所立的約**。」』

四、 贖罪日與約拿

在猶太人的讀經傳統裡，**不同的節期，會搭配不同的書卷「一起伴讀」**，目的是為了讓節期中的「**主題信息**」透過這些書卷的經文，可以更多地被強調出來。

譬如說在「**逾越節**」，猶太人會讀 **雅歌**，因為逾越節乃是紀念耶和華神對以色列所施行的偉大「救贖」，及對以色列先祖亞伯拉罕-以撒-雅各「守約」的拯救行動，這個救贖行動乃是基於耶和華神對於以色列的「山盟海誓」的「婚約之愛」而產生的，因此逾越節，猶太人會讀 **雅歌** 這卷歌頌耶和華神與祂的子民以色列那「**永不後悔、又濃情蜜意**」的 **愛情** 故事。

到了「**五旬節**」，猶太人會讀 **路得記**，因為當年路得跟著婆婆拿俄米來到伯利恆，遇到波阿斯的時候，正好是「收割大麥」完畢，然後開始時收割「初熟小麥」的期間，而「五旬節」正好就是大麥收割完畢，小麥初熟可以開始收割的日子。我們知道，後來波阿斯娶了這位「**外邦**」女子:**路得**為妻，這就使得後來大衛「彌賽亞國度」的家族血緣裡，有以色列與「**外邦**」聯姻的血液。所以在這個預表「**聖靈降臨**」的五旬節來讀 **路得記**，其實有很深刻的寓意，因為這個節期就是代表「**神國臨到外邦**」、福音廣傳、和「**一個新人**」的意涵。

耶和華三大節期的最後一個:「**住棚節**」，猶太人會搭配伴讀的書卷是 **傳道書**，因為住棚節的節期信息是在講述神的保護和供應、「**神的同在**」、以及「**神的國度**」，所以住棚節讀這卷對「**人生無常**」-「**此世短暫**」發出警語的《傳道書》再適合不過了，因為傳道書就是要告訴讀者，人生在世只是作「寄居和客旅」的，我們更應該要渴慕和想望的是神的國度。

再來，在所有節期中最悲哀的一個就是「**聖殿被毀日**」，猶太人會搭配 **耶利米哀**

歌 一起伴讀。

普珥節，猶太人則會伴讀 **以斯帖記**，這很好理解了，因為在《以斯帖記》裡面正好就是在講述這個「反悲為喜、反敗為勝」的奇蹟的節期:普珥節的由來，這是在告訴世人，在人類歷史的背後，有一隻看不見的手在上面「運籌帷幄」，祂「絕不容許」外邦的政治勢力對猶太人發動「種族滅絕」的行動和計畫，就像當年埃及帝國的法老對希伯來人所做的那樣。

最後，來到**贖罪日**，在贖罪日，猶太人會讀 **約拿書**，因為這卷書正好也是在講人的「**悔改和贖罪**」，同時也是在預表父神對猶太人「贖罪的救恩」**也會臨到外邦**，這個外邦甚至還可能是以色列的敵國，就像是在《約拿書》裡面提到的亞述，只要當這些人心裡預備好「要悔改」，那神贖罪的救恩就會臨到。而約拿，就正好是在預表「以色列」百姓，他們認為只有「猶太人自己」才享有這救恩的權利，所以約拿不願意按著耶和華神的心意和計畫去亞述的尼尼微城，召聚眾人悔改。

說來其實也很諷刺，在整本希伯來聖經裡面，以色列百姓從來沒有這麼快速立刻地去專注聆聽，並且「完全順服」先知所說的話，但是在亞述的尼尼微城，這些外邦人居然在約拿「一句話」的號召悔改之下，全城竟然「立刻悔改」，約拿書 3:4-5：

『約拿進城走了一日，宣告說：「再等四十日，尼尼微必傾覆了！」尼尼微人信服上帝，便宣告禁食，從最大的到至小的 都穿麻衣。』

約拿，其實就好像是在預表，或者反過來說，再次明證以色列做為列國中「**長子**」的位分，是一個「**中保**」的角色，出埃及記 19:5-6：

『如今你們若實在聽從我的話，遵守我的約，就要在萬民中作屬我的子民，因為全地都是我的。你們要歸我作「**祭司**」的國度，為聖潔的國民。這些話你要告訴以色列人。』

以色列做為祭司的國度，**替列邦萬民「代贖」**，這在彌賽亞耶穌，這位猶太人的身上，得到完全的成就。

以色列「**牽動列國**」，這就好像是約拿，他沒有遵照耶和華神的吩咐，回應神的呼召，落跑、跑掉，結果引來了海上的風暴，讓「**全船的人**」感到恐慌，甚至有生命危險。

而約拿也很清楚，一切的災難都是因為他引起的，約拿知道: 這是耶和華神和他

的約定，在整艘船上，**只有他 有一個「特別的」身份、使命。**

約拿書 1:9，約拿對著船上的人說：

> 『我是「**希伯來人 (עִבְרִי)** 」。
> **我敬畏 耶和華** — 那創造滄海旱地之天上的神。』

וַיֹּאמֶר אֲלֵיהֶם **עִבְרִי** אָנֹכִי
וְאֶת-**יְהוָה** אֱלֹהֵי הַשָּׁמַיִם **אֲנִי יָרֵא** אֲשֶׁר-עָשָׂה אֶת-הַיָּם וְאֶת-הַיַּבָּשָׁה

在妥拉(摩西五經)裡面，第一個被稱為「**希伯來人**」的人，就是被耶和華神呼召，要離開本地、本族、父家去「**修復世界**」的 **亞伯拉罕**。(創世記 14:13)

某種程度上來說，因著約拿的「**被獻祭**」，或者說「**被犧牲**」，才換來全船上的人員的性命安全，約拿書 1:15-16：

> 『他們遂 **將約拿擡起，拋在海中，海的狂浪就平息了。**
> 那些人便 **大大敬畏耶和華**，向耶和華獻祭，並且許願。』

約拿記讀到後面，我們看到，約拿居然為了一顆樹，跟耶和華神鬧脾氣，這個脾氣似乎在表達，為什麼我所敬畏的耶和華神，也會讓「**外邦**」，領受「**贖罪-悔改**」的憐憫和恩典，巴不得我約拿早死在開往他施的船上。約拿書 4:10-11：

『耶和華說：這蓖麻不是你栽種的，也不是你培養的；一夜發生，一夜乾死，你尚且愛惜；何況這尼尼微大城，其中不能分辨左手右手的有十二萬多人，並有許多牲畜，我豈能不愛惜呢？』

是的，真正的悔改，就是學習不看自己的益處，而是去看「神的益處」，回到「神的心意」當中，讓神在我們身上所計畫的命定、呼召、使命，得以被實現，因而「成就」神偉大奇妙的工作。

五、 聖地與「聖潔」

<死了之後>篇這段妥拉，經文的內容和篇幅有 3 章，也就是利未記 16,17 和 18 章，從整體的架構和內容來看：

首先就是 **16 章** 的「贖罪日」條例，這個耶和華神明定給以色列百姓可以作「靈命大檢修」，「全力清除掃蕩」過去所有罪惡的聖法，再來就是 **17 章** 說明**血**這個代表「生命」，能夠拿來「替代罪債」作為「獻祭」的物質媒介，也就是血它所具有的「神聖性」。最後就是 **18 章**，耶和華神所定義規範出，以色列百姓需要在「家庭人倫」中嚴格遵守的「性道德界線」，在 18 章結尾的地方則是在妥拉中「首次提及」了耶和華神對「**聖地**」的「**神聖-潔淨**」的要求。

整段妥拉從 16 章-到 18 章經文發展的脈絡和鋪陳，似乎在表明一件事，就是：你們以色列百姓在經過贖罪日的「靈性大檢修」、罪惡「全力掃蕩清除」，你們那個原來是充滿罪孽的老我現在<死了之後>，接下來就要「預備成聖」，進入迦南地「得地為業」，並且要「這塊土地上」按照耶和華神所制訂的一切聖法來「過生活」，特別是在「**家庭**」上分別為聖，並且謹守「**性道德**」的嚴格界線。

因為一切的「**聖潔**」都是以「**家庭-婚姻**」為基礎開展出來的，所以耶和華神才會在利未記第 18 章當中，對以色列百姓的性道德作出嚴謹的規範，並且「絕對禁止」混亂的、亂倫的性關係，以防止家庭秩序的破壞、道德淪喪、社會敗壞。這就是利 18:6 這節經文所立的總則：

> 『你們都不可露 **骨肉之親的下體**，親近他們。我是耶和華。』
> אִישׁ אִישׁ אֶל-**כָּל-שְׁאֵר בְּשָׂרוֹ** לֹא תִקְרְבוּ לְגַלּוֹת עֶרְוָה אֲנִי, יְהֹוָה

這裡我們也可以稍微回顧一下創世記，在創世記裡面，以「聖約」家族為主的**亞伯拉罕-以撒-雅各**，在他們所到之處的四周圍環境，不論是埃及或迦南地，都普遍會遇到「**性道德敗壞**」的事情，譬如說：

在創世記 12 章和 20 章這兩段的經文，分別記載亞伯拉罕和撒拉去到埃及地和非利士人境地的基拉珥，這兩地的王都因為撒拉貌美的緣故，而把撒拉搶走。

以撒和利百加也同樣遭遇到這樣的狀況，在 26 章講到非利士人的王亞比米勒想要染指利百加，準備要把她從以撒身邊搶走。

再來，在創世記 19 章描述，住在所多瑪的羅得，那一夜居然願意犧牲自己的女兒，要來保護兩位來訪的天使，因為所多瑪全城的男人都想要「**侵犯**」這兩位天使。

還有創世記 35 章提到的，雅各的女兒底拿，在示劍被迦拿地的一個地主的兒子**強暴**。

最後就是創世記 39 章記述的，埃及帝國法老身邊的護衛長:波堤乏，他的太太趁先生不在家時，不斷地 **勾引** 約瑟，最後勾引不成，約瑟還被誣陷大入大牢，作了冤獄。

以上，從我們剛剛講的這些，幾乎是遍布在整個創世記的「**性道德敗壞**」的案例來說，其實隱含在創世記經文主線之下的一個很重要的背景訊息，就是: 當時的人在「**性**」這件事情上，**是沒有道德標準的**。所以，以「聖約」家族為首的亞伯拉罕-以撒-雅各-約瑟，他們經常都會成為當時環境和社會「**性混亂**」這種道德敗壞的「**受害者**」。

因此，當耶和華神領以色列百姓出埃及之後，就馬上和他們「立約」，要以色列在列邦萬國中成為祭司的國度，「**聖潔**」的子民，所以他們「**絕對不能**」和當時周遭的人群社會、文化、生活風俗一樣，也就是和當時的埃及人、迦南人一樣「道德淪喪、淫亂敗壞」，這就是利 18:2-5 這裡說的：

> 『你 (摩西) 曉諭以色列人說：我是耶和華－你們的上帝。
> 　　你們 從前住的埃及地，那裏人的行為，你們 不可效法，
> 我要領 你們到的迦南地，那裏人的行為 也不可效法，也不可照他們的惡俗行。
> 你們 要遵行我的典章，保守/護衛我的律例按此而行。我是耶和華你們的上帝。
> 所以，你們 要保守/護衛我的律例典章；人若遵行就必因此活著。我是耶和華。』

所以，以色列百姓進入迦南地「得地為業」有一個很重要的任務和使命，就是要『**使土地成聖**』，使迦南地成為聖潔，為什麼呢？

因為耶和華神在萬國萬邦當中，**特意將迦南地分別出來**，作為「**神榮耀同在**」的**聖地**，為的是要讓以色列百姓進來「成就」神給他們的神聖的「呼召和使命」，就是:成為「列國的光」。

所以，迦南地，或者我們說「**以色列地 (אֶרֶץ יִשְׂרָאֵל)**」，它就好像是成為耶和華神的「**直轄市**」一般，神會「**特別照護-看管**」這塊土地，讓這塊土地對於「**神聖-聖潔**」的要求標準，要比其他的土地來的高而且嚴格，因為這裡是「**神聖臨**

在」的境地，是耶和華神立為「祂名的居所」的所在地，就在以色列，在耶路撒冷。因此，以色列地的「神聖-聖潔」不容被侵犯和玷汙。

正因為如此，經文才會「擬人化的」描繪出，當有人在以色列地上「犯罪、敗壞」的時後，這塊 聖潔之地「會吐出」住在其上的百姓，不管你是以色列人還是外邦人，利 18:27-28：

『在你們以先居住那地的人行了這一切可憎惡的事，**地就玷污了**，
免得 **你們玷污那地** 的時候，**地就把你們吐出**，
像 **吐出** 在你們以先的國民一樣。』

是的，願我們每個人的居住、我們的生活，都能**按照神的心意、法則和真理來行**，如此，這樣，才能帶出「**土地的聖潔**」和公義，留給我們的下一代，一片「純淨的」地土。

問題與討論：

1. 從利未記第 11 章開始到 16 章，耶和華神制定出許多「**不潔淨**」的條例，耶和華神訂定出如此繁複龐雜的「不潔淨」的條例，其目的是什麼？

2. 在一年一度的「贖罪日」需要有「**兩隻公山羊**」的獻祭，這個兩隻公山羊的特別獻祭「背後的精神」和「預表」為何？

3. 人類史上，大概沒有一個國家和民族像以色列-猶太人這樣，會有一個節期叫「贖罪日」這樣一個，一年一度『**全國性反省、悔改、尋求赦免**』的大日，如果從「終末論」的角度來思考贖罪日，那這個所謂「**終末論的贖罪日**」是要為以色列在歷史上的哪一樁「全國-集體性的罪過」來悔改？

4. 在猶太人的讀經傳統裡，贖罪日會搭配一起伴讀的書卷是 **約書拿**，請問 約拿書 這卷書的「主題」是什麼？ 這卷書在「預表」什麼？ 這卷書和贖罪日有什麼相互的意義關聯？

5. 在本段妥拉的最後一章: 利未記 18 章結尾處，是妥拉「首次提及」耶和華神對「聖地」的「神聖-潔淨」的要求，不過 18 章幾乎一整章，都是耶和華神對「性道德」做出極其嚴謹規範的條例經文，並「絕對禁止」家庭當中混亂的、亂倫的性關係，以防止家庭秩序的破壞、道德淪喪、社會敗壞。**土地的聖潔**，和 家庭婚姻的聖潔 兩者有何關係？ 為什麼耶和華神把這兩者放在一起來談？

利未記 No.7 妥拉

<成聖>篇（פרשת קדושים）

本段妥拉摘要:

利未記第七段妥拉標題<成聖>，希伯來文(קדשים)。<成聖>篇這段妥拉，開宗明義提到:『耶和華對摩西說：你曉諭以色列 全會眾 說：你們要<成聖/聖潔>，因為我耶和華－你們的上帝是聖潔的。』利 19:1-2

來到利未記第七段妥拉<成聖>篇，耶和華神將<成聖>的對象擴大到以色列的「全會眾」，這就是說<成聖>不是只有祭司和利未人的責任和義務，<成聖>乃是整個信仰社群的「所有成員」都應該要履行和實踐的事情。

另外，<成聖>的領域和場所，也不是只有在會幕裡，<成聖>乃是包含「生活」的「所有面向」，落實在「生活」的「各個層面」中，正如利未記 19 章當中所羅列出各樣的<成聖>生活條例和準則。

<成聖>篇這段妥拉來到利未記第 20 章，講述到許多性道德「敗壞」和家庭「亂倫」的懲罰條例，在這些「懲罰」條例中，我們看到耶和華神對於性敗壞和亂倫的處罰基本上都是「唯一死罪」，可見神把這些「淫亂」的罪看的非常嚴重，這是因為淫亂乃是<成聖>最大的敵人、是邁向<成聖>最大的攔阻和絆腳石，此外，淫亂會帶來「全面的」墮落和敗壞，不論是「屬靈的淫亂」或「肉體的淫亂」。

神要我們<成聖>的目的，除了是為了個人，其實也是為了整個信仰社群的「聖潔」，為了成就社會的「公平-正義」，為了達到國家的「安全-穩定」。

說到底，就是: 唯有一個全然<成聖>的信仰社群，才能讓聖潔的主，來到我們當中，與我們「同住」。出埃及記 25:8：

> 『又當 為我造 聖所，使我 可以住在 他們中間。』

利未記 No.7 妥拉 <成聖> 篇（פרשת קדושים）

經文段落:《利未記》19:1 - 20:27
先知書伴讀:《阿摩斯書》9:7 - 9:15
詩篇伴讀: 15 篇
新約伴讀:《加拉太書》5:13-26、《哥林多前書》6:9-20、《彼得前書》1:13-16

一、 邁向<成聖>

利未記第七段妥拉標題<成聖>。經文段落從利未記 19 章 1 節到 20 章 27 節。<成聖>這個標題，在利 19:2 節，利 19:1-2：

『耶和華對摩西說：你曉諭以色列全會眾說：
你們要 聖潔，因為我耶和華－你們的上帝是聖潔的。』

וַיְדַבֵּר יְהוָה אֶל-מֹשֶׁה לֵּאמֹר. דַּבֵּר אֶל-כָּל-עֲדַת בְּנֵי-יִשְׂרָאֵל וְאָמַרְתָּ אֲלֵהֶם
קְדֹשִׁים תִּהְיוּ כִּי קָדוֹשׁ אֲנִי יְהוָה אֱלֹהֵיכֶם

<成聖/聖潔的> (**קְדֹשִׁים**) 這個字，出現在上面希伯來文，利 19:2 的第九個字，這個字，這個形容詞就是本段妥拉的標題。

正如這段妥拉的標題<聖潔>所揭示的，走向<聖潔>，邁向<成聖>，這乃是耶和華神，要以色列百姓追求和達到的最終目標。

追求<成聖>同時也是讓百姓們知道，我們不只是按著「神的形象和樣式」造的，我們的心思意念-行事為人，也要按著神的真理和<聖潔>「來行」。

所以，人生在世，只要你還活著，那麼你的生命就要不斷地走向<成聖>，繼續邁向<成聖>。

從利未記妥拉的「分段邏輯」來看，我們正好也看到經文鋪陳和「發展」脈絡的這一個趨勢和走向，也就是: 利未記這卷書就是一本「走向」<成聖>，「邁向」<成聖>，將<神聖-聖潔>落實和成就在生活的各個面向的一卷書。

如果從利未記前面各段的妥拉順下來，那就會看得很清楚這個逐走向<成聖>的經文發展脈絡。

從利未記第一段妥拉開始：

利未記開篇，第一段妥拉<祂呼叫>，正是表明神在尋找<呼召-呼叫>人來親近祂，但是必須要透過「獻祭-贖罪」的方式，才能來到神面前。

而「獻祭-贖罪」不能由百姓自己來操作，它必須要透過一位「他者」也就是祭司來執行，而且是要按著耶和華神所<吩咐-命令>的流程來「獻祭」，這樣這個獻祭才會是合法有效的，因此第二段妥拉標題就叫<吩咐-命令>篇 [1]。

等到祭司和百姓都學會也知道如何正確地「獻祭-贖罪」之後，接下來就來到第三段妥拉<第八日>，這個象徵超驗、超凡入聖，<神聖>「介入」的數字 **8**，正好提到了會幕的「開幕」大典，以色列現在進入到一個新的、更高的里程碑，就是在營地中央，現在有「神的居所」在其中，所以耶和華神開始要求「營地的聖潔」。於是，神透過頒布各樣「潔淨-不潔淨」的條例「介入」到百姓的日常生活中，首先被要求的就是:飲食。

然後來到第四段妥拉<懷孕>篇，耶和華神又界定了<懷孕>生產的不潔，這是在說，人的一生，是從「不潔淨」開始的。因此人如果沒有「贖罪-潔淨」自我，那麼他的天然狀態，就經常是處在一種所謂的<大痲瘋>「**屬靈不潔**」的狀態中，所以第五段妥拉的標題就是<大痲瘋>，描述的正是一個充滿「污穢不潔-罪惡」的老我。

但是為了要讓這個老我死去、洗淨一切的污穢，因此就有第六段妥拉<死了之後>的「**贖罪日**」條例，等到我所有的罪愆都贖了，靈裡得著完全的潔淨，也就是以前的老我<死了之後>，那接下來，就可以走向<成聖>了，<成聖>就是第七段妥拉的標題和內容。

以上，我們很快回顧了利未記第一段到第七段的妥拉，也就是利未記 1 章到 19 章的內容概要，在剛才快速的回顧過程中，我們看到，利未記是從神的<呼叫-呼召>開始的，然後有了會幕的開幕，會幕的出現其實就是寓意著，讓神(會幕)「住在」我們心中，讓我們心裡開始學習神真理的準則和法則，這個真理的準則和法則，就是耶和華神從利未記 11 章開始所制定出的許多關於「潔淨-不潔淨」的聖法，神要讓百姓開始「去意識」到許多的「不潔淨」，知道人一生的開端是「不潔淨的」。人的天然狀態，也就是這個老我也是「不潔淨的」，我們的靈命就

---

[1] 妥拉的「標題和篇名」往往可以提綱挈領地勾勒出整段經文的「主題和內容」。

像是<大痲瘋> 一般。

神之所以要讓以色列百姓「清楚意識到」這麼多的「不潔淨」，其實是要讓他們知道，原來耶和華神對於「罪-不潔淨」，拉出了一條「非常嚴謹」的「封鎖線」，目的是為的就是要 「阻擋-保護」我們掉入「罪-不潔淨」的任何一絲一毫的機會和可能性。

因為當不潔淨，還在「源頭」醞釀、發生的時候，當罪還在「思想」起心動念的時候，神就說:這是「不潔淨」了。

其實，耶和華神要讓百姓們意識到這麼多的「不潔淨-罪惡」，目的只有一個，就是要讓他們走向完全地<成聖>。

所以按照妥拉的分段邏輯，在<死了之後>篇，透過一年一度「贖罪日」大祭司這一個特別的「獻祭-贖罪」的條例，以色列百姓得以「完全掃蕩-清除」罪惡，在老我<死了之後>，接下來，就可以邁向<成聖>了。所以<死了之後>篇，接續的下一段妥拉，正好也就是<成聖>篇。

<成聖>，什麼叫做<成聖>呢？昔日的猶太先賢從希伯來文的字詞和字母排序的暗示當中，領會到，<成聖>就是「設立界線」，出埃及記 19:23：

『要在「山」的四圍 定界限，叫山成「聖」。』

הַגְבֵּל אֶת-הָהָר וְקִדַּשְׁתּוֹ

首先，山(הר)，和 聖的 (קדוש) 兩字的希伯來文，巧妙的是，透過其字母的組成「順序」來說明，在「山」的四圍「立界限」，就會很自 (字) 然地，使山變成「聖的」。[2]

因為 山 (הר) 這個字的第一個字母 Heh.(ה) 若是按照希伯來字母的順序來說，Heh.(ה) 的「前一個」字母 Dalet (ד)，「後一個」字母是 Vav (ו)。

而 山 (הר) 的第二個字母 Resh(ר)，一樣，也是按照希伯來字母的順序來看的話，Resh (ר) 的「前一個」字母是 Kuf (ק)，「後一個」字母是 Shin (ש)，

然後，我們就會看到 山(הר) 這個字 的「四圍」正好就是被這「四」個字母 (ש-ו-ד-ק)「圍」起來，而成為「聖的」(קדוש)。

---

[2] 關於「山」和「成聖」兩字的希伯來文「字母組合」的解釋，請參考本段信息 youtube 影片，在影片中透過圖像來分析，便於讀者更好理解希伯來文的精妙之處。

昔日的猶太賢哲，就是從這節經文當中領會到，所謂的「**成聖**」，其實就是「**在四圍設立界限**」。

是的，我們的生活若要「**成聖**」也當是如此，我們活著，並不是按著自己肉體的「**慾望和本能**」隨心所欲地來生活，**我們乃是按著神所「設定和規範」的「聖潔的界限」來生活**。加拉太書 5:22-25：

『聖靈 所結的 果子，就是仁愛、喜樂、和平、忍耐、恩慈、良善、信實、溫柔、節制，這樣的事沒有律法禁止。凡屬基督 (彌賽亞) 耶穌的人，是已經把肉體連肉體的邪情私慾同釘在十字架上了。我們若是靠 聖靈得生，就當靠 聖靈行事。』

二、 全會眾要<成聖>

<要聖潔/成聖>篇這段妥拉，開頭的利 19:1-2，開門見山的這樣說到：

> 『耶和華對摩西說：你曉諭以色列**全會眾**說：
> 你們要<**聖潔**>，因為我耶和華－你們的上帝是聖潔的。 』

וַיְדַבֵּר יְהוָה אֶל-מֹשֶׁה לֵּאמֹר. דַּבֵּר אֶל-**כָּל-עֲדַת** בְּנֵי-יִשְׂרָאֵל וְאָמַרְתָּ אֲלֵהֶם
קְדֹשִׁים תִּהְיוּ כִּי קָדוֹשׁ אֲנִי יְהוָה אֱלֹהֵיכֶם

在這兩節經文中，除了這一段妥拉的標題<**要聖潔**>(קְדֹשִׁים) 是一個關鍵字之外，另外一個很重要的詞組就是這個「**全會眾** (כָּל-עֲדַת)」，「全會眾」這個詞組出現在<**成聖**>篇有非常重大的意義。

如果我們「對比」一下利未記前面的經文，就會發現到，19:1-2 這裡，是整本利未記裡，**唯一的一次**，耶和華神特別挑明，摩西所要曉諭的對象是: **全會眾**。底下，依序來看幾處經文：

『耶和華對摩西說: 你曉諭以色列人說』利 1:2
『耶和華對摩西說: 你曉諭以色列人說』利 4:2
『耶和華吩咐摩西和亞倫:你們曉諭以色列人說』利 11:2
『耶和華對摩西說: 你曉諭以色列人說』利 18:2

<成聖>篇利 19:2：『你曉諭 以色列-全會眾 說：你們<要聖潔>』

利未記經文發展到第 19 章，可以清楚看到，耶和華神所要求<成聖>的對象和成員，不是只有那些在會幕裡供職侍奉的祭司、利未人，<成聖> 的對象還包含了以色列的「全體成員」，也就是以色列的「全會眾」。

所以從<要聖潔/成聖>標題出處的 19:2 的經文來看，耶和華神對於 <要聖潔> 的基本原則的幾個重點：

第一、走向「全面-整體」的 <聖潔/成聖> 這不是只有祭司和利未人的義務和責任。一個信仰群體的「聖潔與否」乃是端賴於「全會眾」的努力與維繫的。這是第一個很重要的真理。

第二、<要聖潔/成聖>這不是一個「可以選擇」的選項。在希伯來原文 19:2 節當中，這個 「你們<要聖潔> (קדשים תהיו)」 的 你們要，是耶和華神以第一人稱「祈使句/命令式」的語態，在吩咐以色列百姓「全會眾」<要聖潔/成聖>。

這樣的吩咐和命令，當然是在告訴全體以色列百姓，既然你們是我耶和華神用「重價」，將你們從埃及「為奴」之地所「救贖」出來的，那麼現在你們「生命的主權」就不該歸你們自己，而是『要歸給神』因為我們的神『是賜生命、帶來豐盛』的主。我們若願意更多 <成聖> ，那也就會更多的經歷許多的「祝福和豐盛」，以及「神的保護」。

第三、如果從 19:2 希伯來原文經文的「字詞排序」上來看，經文為了要強調出 <聖潔> 的「重要-首要」地位，19:2 論到<聖潔>的前半句和後半句都把<聖潔的>(קדוש) 這個字放在最前面，來看 19:2 希伯來文：

קְדֹשִׁים תִּהְיוּ כִּי קָדוֹשׁ אֲנִי יְהוָה אֱלֹהֵיכֶם

我們看到，經文中的你們百姓<要聖潔>，和耶和華神<是聖潔的>這兩個「聖潔的(קדוש)」[3] 這個字，都是放在最前面的。

所以如果按照希伯來文 字面(原本的詞序) 直接翻譯的話就是：

『聖潔的，你們務要，因為 聖潔的，我耶和華你們的神』
קְדֹשִׁים תִּהְיוּ כִּי קָדוֹשׁ אֲנִי יְהוָה אֱלֹהֵיכֶם

---

[3] 前者是「陽性複數」的型態，後者「陽性單數」的型態。

第四點，19:2 的經文 很有意思，前半句說你們<要聖潔>，後半句接著說: 因為 我耶和華－你們的上帝 (אֲנִי יְהוָה אֱלֹהֵיכֶם) 是<聖潔的>。

前後這兩句的因果關係清楚的說明，個人要<成聖>的原因不為了什麼，乃是「單單為了」神，為了我們的主，<要聖潔/成聖>的目的，就是為了要「見證」神，「見證」神在我們各人「生命」當中，所施行一切「奇妙偉大」的工作，使我們各人的生命能夠得以<成聖-聖潔>。

因此，當你的生命正在<成聖>的時候，其實你就是在「作見證」，為誰做見證？為那位「叫你<成聖>的」神做見證。

最後、在 19:2 節中，耶和華神之所以要吩咐摩西，號召以色列所有「全體成員-全會眾」，來聽這個 19 章一整章的這個<成聖>的諸多條例，這乃是因為利未記 19 章，這一章包含了妥拉當中，所有「生活」各個面向的 <成聖> 基本原則和基礎條例，可以這麼說，該如何<聖潔-成聖>的生活主要指導原則和「精華」內容，都在 **19** 章的經文當中。

舉凡，敬畏耶和華神、守安息日、孝敬父母、秉公行義、不偷盜、不欺騙、不報復和心裡仇恨別人、愛人如己、好施憐憫、幫助窮人、誠實誠信……等等。

其實從 19 章的<成聖>條例當中清楚看到，耶和華神要以色列「全會眾」<成聖>的目標只有一個，就是:**建立一個「公義-聖潔」的國家和社會。**

從這裡，也可以看得很清楚，所謂的<成聖>，不只是去教堂、會堂做禮拜、主日服事就叫做<成聖>，不僅止於如此，**耶和華神所定義的 <成聖>，乃是落實在「生活」的每一個方面、每個層面之中的。**

馬太福音 22:36-40，耶穌用這樣的一段話，來回答一位法利賽人的提問：
『夫子，律法(妥拉)上的誡命，哪一條是最大的呢？耶穌對他說：「**你要 盡心、盡性、盡意愛主－你的神 (耶和華)**。這是誡命中的第一，且是最大的。其次也相倣，就是要 **愛人如己**。這兩條誡命是律法(妥拉)和先知一切道理的總綱。 』
申命記 6:4-5：

『以色列啊，你要聽！耶和華－我們上帝是獨一的主。
你要 盡心、盡性、盡力愛耶和華－你的上帝。』

שְׁמַע יִשְׂרָאֵל יְהוָה אֱלֹהֵינוּ יְהוָה אֶחָד.
וְאָהַבְתָּ אֵת יְהוָה אֱלֹהֶיךָ בְּכָל-לְבָבְךָ וּבְכָל-נַפְשְׁךָ וּבְכָל-מְאֹדֶךָ

再回到<成聖>篇，利 19:18：

> 『不可報仇，也不可埋怨你本國的子民，
> 卻要 愛人如己。我是耶和華。』

> לֹא-תִקֹּם וְלֹא-תִטֹּר אֶת-בְּנֵי עַמֶּךָ
> **וְאָהַבְתָּ לְרֵעֲךָ כָּמוֹךָ אֲנִי יְהוָה**

彌賽亞耶穌，立志遵行「**父神耶和華的旨意**」，祂也教導我們每一位信祂的，要來明白也學習遵守「**父神耶和華的教訓**」，為要使我們<成聖>，因為正如約翰福音 7:16 節，耶穌自己說的：

> 『我的教訓不是我自己的，
> 乃是 那差我來者的 (父神耶和華)。』

三、 「根源性」的罪

在<成聖>篇這段妥拉中，經文幾乎花了一整章的篇幅，也就是利未記第 20 章，來警告並且「嚴格禁止」各樣混亂、亂倫的性關係，這正是在表明，以色列百姓要<成聖>所會遭遇到的最大的障礙和誘惑，將會是「性道德」的敗壞和淫亂的問題，不論是肉體的淫亂，或是屬靈上的淫亂。

在利未記 20 章的經文中，我們看到，耶和華神為了要「強力守護-維繫」以色列「**全體的聖潔**」，在觸犯這些「性的亂倫和敗壞」的罪惡的時候，基本上都是用最嚴厲的「**唯一死罪**」來懲處。

下面來看幾處經文：

> 『與有夫之婦行姦淫的，就是與鄰舍之妻行姦淫的，
> 姦夫淫婦 **都必處死**。』利 20:10

> וְאִישׁ אֲשֶׁר יִנְאַף אֶת-אֵשֶׁת אִישׁ אֲשֶׁר יִנְאַף אֶת-אֵשֶׁת רֵעֵהוּ
> **מוֹת-יוּמַת** הַנֹּאֵף וְהַנֹּאָפֶת

『人若與他父親的妻子同寢，就是露了他父親的下體，
他們二人總 要被處死，他們的血要歸到他們身上。』利 20:11

וְאִישׁ אֲשֶׁר יִשְׁכַּב אֶת-אֵשֶׁת אָבִיו עֶרְוַת אָבִיו גִּלָּה
מוֹת-יוּמְתוּ שְׁנֵיהֶם דְּמֵיהֶם בָּם

『與兒婦同房的，他們二人 要被處死；
他們行了逆倫的事，他們的血要歸到自己身上。』利 20:12

וְאִישׁ אֲשֶׁר יִשְׁכַּב אֶת-כַּלָּתוֹ **מוֹת יוּמְתוּ** שְׁנֵיהֶם
תֶּבֶל עָשׂוּ דְּמֵיהֶם בָּם

『人若與男人苟合，像與女人一樣，他們二人行了可憎的事，
要被處死，他們的血要歸到自己身上。』利 20:13

וְאִישׁ אֲשֶׁר יִשְׁכַּב אֶת-זָכָר מִשְׁכְּבֵי אִשָּׁה תּוֹעֵבָה עָשׂוּ שְׁנֵיהֶם
מוֹת יוּמְתוּ דְּמֵיהֶם בָּם

在上面幾處的經文，從利 20:10-13 當中，有一個句型是重複出現的，就是這句
「要被處死」(**מוֹת-יוּמַת**)
複數型態的是 (**מוֹת יוּמְתוּ**)

為什麼經文要這麼嚴厲的「去治死/處死」這些性道德的敗壞者，這是因為性的
敗壞和肉體淫亂乃是一種「根源性的罪」，它會帶來 家庭次序的破壞、道德淪喪、
社會的敗壞，甚至是民族的滅亡。性道德的敗壞，它就像「惡性腫瘤」一樣，會
帶來整個人「全部身體」的敗壞和死亡。

這其實是很好理解的，因為當一個家庭婚姻中的男女，其中一方有「外遇」時，
如果男的在外面「另組」一個家庭，那麼原先的這個家庭就「破碎」了，原來家
庭中的小孩，若是這位單親媽媽無力撫養的話，社會局或社會工作者就必須介入
輔導。

然而，此時社會成本產生了，因為現在這個破碎家庭變成一個「失功能」的家庭，
而這個小孩現在沒有辦法繼續在這個已經「破碎的」、一個「失功能的」家庭下
成長，那麼小孩很可能就會被轉介到「育幼院」就是俗稱的「孤兒院」去安置。

通常這樣的小孩，心理上是受到極大的「創傷」，以至於他們需要做心理諮商和
治療，有的甚至會有「情緒障礙」和「精神疾病」產生，如果這些小孩沒有及時

的介入安置和正確的輔導，那麼他們很可能會走上人生的歧途，或者等他們長大後，又會變成婚姻當中的另一個「加害者」或「施暴者」。

以上所說的這一切後續衍伸出來的所有問題，**都是因為性道德的「混亂和敗壞」所產生的。**

<成聖>篇這段妥拉的經文內容很清楚的在告訴讀者，一切的「聖潔」和<成聖>都是以「家庭-婚姻」的「聖潔」為基礎開展出來的，所以耶和華神才會在利未記第 18 章當中，對以色列百姓的性道德作出嚴謹的規範，並且「絕對禁止」混亂的、亂倫的性關係，來到利未記 20 章就進一步說陳述，任何違反這類「性敗壞」的禁令的人，基本上都是「要被治死」的。

前面談了「肉體的淫亂」，另外一個，就是我們現在要講的:「**屬靈的淫亂**」:拜偶像，也就是在耶和華神的權柄之外，又「另外承認」別神的權柄，這同樣也是耶和華神嚴格禁止，並且違犯者經文也是宣判「唯一處死」的懲處，下面來看幾處經文：

『凡以色列人，或是在以色列中寄居的外人，
把自己的兒女獻給摩洛的，**要被處死**..』利 20:2

אִישׁ אִישׁ מִבְּנֵי יִשְׂרָאֵל וּמִן-הַגֵּר הַגָּר בְּיִשְׂרָאֵל
אֲשֶׁר יִתֵּן מִזַּרְעוֹ לַמֹּלֶךְ **מוֹת יוּמָת**

『人偏向 **交鬼的** 和 **行巫術的**，隨他們 **行邪淫**，
我要向那人變臉，把他從民中 **剪除**。』利 20:6

וְהַנֶּפֶשׁ אֲשֶׁר תִּפְנֶה אֶל-**הָאֹבֹת** וְאֶל-**הַיִּדְּעֹנִים לִזְנֹת** אַחֲרֵיהֶם
וְנָתַתִּי אֶת-פָּנַי בַּנֶּפֶשׁ הַהִוא **וְהִכְרַתִּי** אֹתוֹ מִקֶּרֶב עַמּוֹ

拜偶像，屬靈的淫亂，和肉體的淫亂相同，它也是一種「**根源性的罪**」，是會帶來全體百姓、整體國家社會「全面性」的「破壞和解構」。

為什麼這麼說？ 因為宗教具有一種「**統合**」的力量，它是一個「世界觀」的建構，是一種「意識型態」的體系，由此一精神體系可以發展出，得以「**規範**」人類生活「**各個面向**」的法律、政治、思想、倫理道德、曆法、節期、風俗習慣、行為模式……等等。

所以，拜偶像、承認耶和華「以外的」他神 (別的神) 的權柄，就意味著，你也認可「**另外一套**」價值觀、屈服於「**另外一套**」律法、順從「**另外一種**」倫理，

過「**另一種**」生活方式，這樣的結果，很自然地，就會讓原來既有的宗教系統、價值體系「失去效力」，並「逐漸崩落」，這也就是以色列分裂為北國和南國之後，所不斷發生和重演的事情，直到聖殿被毀，國破家亡。

如此，也就可以明白，為何耶和華神要把拜偶像「**屬靈的淫亂**」看得這麼嚴重，必須要判「**唯一死罪**」，因為如果現在不「治死」這個人，那麼這個拜偶像的人將會帶領「**更多人**」去拜偶像。那麼，結果，最後的終局，就如同我們後來所看到的，就是以色列「**被趕散、四處流亡**」的悲劇。

最後，我們用利 20:7-8 這兩節經文來做一個小結：

『所以你們要將 **自己分別為聖**，你們務要 **聖潔**，因為我是耶和華－你們的上帝。
你們要謹守遵行我的律例；我是 **叫你們成聖的** 耶和華。』[4]

וְהִתְקַדִּשְׁתֶּם וִהְיִיתֶם **קְדֹשִׁים** כִּי אֲנִי יְהֹוָה, אֱלֹהֵיכֶם
וּשְׁמַרְתֶּם אֶת-חֻקֹּתַי וַעֲשִׂיתֶם אֹתָם אֲנִי יְהֹוָה **מְקַדִּשְׁכֶם**

四、 <成聖>的拼寫

在希伯來文的字詞「拼寫」裡，有兩種拼寫方式:
第一種叫做「完全拼法」　**Full Spelling**，　　　（**כְּתִיב מָלֵא**）
第二種，叫「不完全拼法」**Defective Spelling**，　（**כְּתִיב חָסֵר**）

以這段妥拉的標題<成聖>篇的 <成聖>這個字來作為一個例子，<神聖-聖潔的>這個希伯來字 (**קָדוֹשׁ**)，如果是用「**完全拼法**」寫出來，是有四個字母，分別是 (**ק.ד.ו.שׁ**)。若是用「**不完全拼法**」來書寫則是(**קָדֹשׁ**) 當中只有三個字母，就是 (**ק.ד.שׁ**)

把這兩個字 (**קָדוֹשׁ, קָדֹשׁ**) 對照一下，可以看到，在「不完全拼法」裡面，<**聖潔**>的這個希伯來文字，中間的 **Vav (ו)** 這個字母不見了，只留下 **Vav (ו)** 這個字母頭上的小點，就是希伯來語裡面的「母音」符號，一個發「歐」O 的母音。

---

[4] 經文中的「自己分別為聖 (**וְהִתְקַדִּשְׁתֶּם**)」、「聖潔 (**קְדֹשִׁים**)」、「叫你們成聖 (**מְקַדִּשְׁכֶם**)」這三個希伯來字的字根都是（**קדשׁ**）。

在利未記的希伯來原文當中，我們會發現到，有時候<聖潔的>這個字會以「**完全拼法**」出現，有些時候又會以「**不完全拼法**」出現，下文會再回來說明，為什麼會有這樣「拼寫差異」的狀況。

讓我們先簡單概述一下利未記的內容：

整本利未記所談的，其實不外乎就是「**分別**」、「**聖潔**」的概念。耶和華神，將以色列百姓領出埃及，然後很快的，在曠野的第二年，他們就照著耶和華神的吩咐，把 **會幕** 給建造、豎立起來，接下來耶和華神就告訴以色列百姓，要透過「獻祭-贖罪」的方式，才能得「潔淨」，才能來到這位「聖潔」的神的面前。

有了會幕，百姓也透過「獻祭-贖罪」來潔淨自我，那接下來，就是要展開一趟長遠而宏大的<成聖>之旅了。所以後面，耶和華神就制定了許多的律法、條例、典章……等等這些東西，目的為的是要讓以色列民<成為聖潔>，成為在萬國中「被選召」出來，特作「耶和華神的子民」的楷模和樣板。

因此，在利未記裡面，常常出現的一句「鑰句」(**Key Sentense**) 就是：

『所以你們要<聖潔>，因為我是<聖潔的>。』[5]
וִהְיִיתֶם קְדֹשִׁים כִּי קָדוֹשׁ אָנִי

在整本利未記裡面，只要是寫到你們 (這些以色列百姓) 要<聖潔>時，<聖潔>這個字都是以「**不完全拼法**」來抄寫的；而在抄寫因為我 (耶和華神) 是<聖潔>的，卻是以「**完全拼法**」寫出來。

當前面在說「你們(百姓)要 聖潔」(וִהְיִיתֶם קְדֹשִׁים) 時，這邊<聖潔>這個字，是「**不完全**」拼法，中間缺少了 **Vav** (וֹ) 這個字母，因此寫成 (קְדֹשִׁים)。後面說，「我耶和華是 聖潔的」(כִּי קָדוֹשׁ אָנִי)，<聖潔>這個字卻是以「**完全**」拼法出現，注意到中間有 **Vav** (וֹ) 這個字母，故寫成(קָדוֹשׁ)。

為什麼<聖潔>的拼寫會出現「不完全」的拼法，和「完全」的拼法，因為：

人的<聖潔> 是 (קֹדֶשׁ)，是 **不完全的**，
神的<聖潔> 是 (קָדוֹשׁ)，是 **完全的**。

昔日抄寫利未記的文士們，他們所要表達的意思很清楚，就是：雖然人是按照神的形象和樣式所造，本有神榮美的本像，但因為人 **犯了罪**，「**虧缺了**」神的榮耀，

---

[5] 利 11:44, 11:45, 19:2, 20:26。

所以說，人的神聖和聖潔「始終無法達到」像上帝的聖潔那樣完美、整全的神聖。這就是羅馬書 3:23 節所說的：

『因為世人都犯了罪，**虧缺了** 神的榮耀。』

有時透過閱讀「原文」:希伯來文的經文本身，我們可以看到，昔日的猶太先賢-文士們在努力地抄寫經文時，處處留下的一些線索，無非就是要把「神的話」表達得清楚明白、淋漓盡致。

從<聖潔>的這個希伯來文字的「完全」拼法，和「不完全」拼法，以及利未記這一節重點鑰句的經文：『你們要<聖潔>，因為我是<聖潔的>』的例子，讓我們具體地意識到，在人生信仰的<成聖>道路中，不可能「一天」就<成聖>的，我們乃是「一生」都要努力地去追求、去達成，「一輩子」都要去履行-實踐「成為聖潔」，以至於我們可以「天天活出」神榮美的樣式。

五、 聖地與以色列民

在利未記第六段妥拉<死了之後>篇的第五段文本信息「聖地與聖潔」當中我們談過，迦南地或者說「以色列地」(אֶרֶץ יִשְׂרָאֵל) 乃是被耶和華神從列國當中「特別分別」出來的一塊土地，這塊土地作為耶和華神的「直轄地」，作為耶和華神的「神聖臨在」，是立為「祂名的居所」的所在地，它對「聖潔」會有極高的要求，也就是說，耶和華神會「特別照護-看管-嚴守」這塊地。

所以當這塊土地上的居民「犯罪敗壞」的時候，那麼這地「會吐出」其上的居民，因此，當迦南地原來的住民，也就是迦南人、赫人、亞摩利人……，他們都「敗壞」時，耶和華神就要領以色列百姓進入迦南地「得地為業」，目的是什麼？目的就是要使這塊地<成聖>，這就是利 20:22-24 這段經文所說的：

『所以，**你們要謹守遵行我一切的律例典章**，
免得 我領你們去 住的 那地把你們吐出。
我在你們面前所逐出的國民，你們不可隨從他們的風俗；
因為他們行了這一切的事，所以我厭惡他們。
但我對你們說過，

你們要承受他們的地，就是 我要賜給你們為業、流奶與蜜之地。』

וּשְׁמַרְתֶּם אֶת-כָּל-חֻקֹּתִי וְאֶת-כָּל-מִשְׁפָּטַי וַעֲשִׂיתֶם אֹתָם
וְלֹא-תָקִיא אֶתְכֶם הָאָרֶץ אֲשֶׁר אֲנִי מֵבִיא אֶתְכֶם שָׁמָּה לָשֶׁבֶת בָּהּ.
וְלֹא תֵלְכוּ בְּחֻקֹּת הַגּוֹי אֲשֶׁר-אֲנִי מְשַׁלֵּחַ מִפְּנֵיכֶם
כִּי אֶת-כָּל-אֵלֶּה עָשׂוּ וָאָקֻץ בָּם.
וָאֹמַר לָכֶם
אַתֶּם תִּירְשׁוּ אֶת-אַדְמָתָם וַאֲנִי אֶתְּנֶנָּה לָכֶם לָרֶשֶׁת אֹתָהּ אֶרֶץ זָבַת חָלָב וּדְבָשׁ

中文常說的「流奶與蜜之地」，希伯來文就是 (אֶרֶץ זָבַת חָלָב וּדְבָשׁ)。

耶和華神除了把迦南地，這塊「流奶與蜜之地」從列邦萬國中「**特別分別**」出來之外，耶和華神還把祂的子民:也就是亞伯拉罕-以撒-雅各的後代子孫:以色列「**特別分別**」出來，利 20:24-26：

　　　　『我是耶和華－你們的神，使你們與從萬民中 分別出來。
　　　　所以，你們要 分別出來 潔淨和不潔淨的走獸和禽獸；
　　　　　　　　不可使自己成為可憎惡的，
　　是因我給你們 分別出來 為不潔淨的禽獸，或是滋生在地上的活物，
　　　　　　你們要歸我為聖，因為我－耶和華是聖的，
　　　　並使你們從萬民中 分別出來，為要作我的民。』

אֲנִי יְהוָה אֱלֹהֵיכֶם, אֲשֶׁר-**הִבְדַּלְתִּי** אֶתְכֶם מִן-הָעַמִּים.
וְהִבְדַּלְתֶּם בֵּין-הַבְּהֵמָה הַטְּהֹרָה לַטְּמֵאָה וּבֵין-הָעוֹף הַטָּמֵא לַטָּהֹר
וְלֹא-תְשַׁקְּצוּ אֶת-נַפְשֹׁתֵיכֶם
בַּבְּהֵמָה וּבָעוֹף וּבְכֹל אֲשֶׁר תִּרְמֹשׂ הָאֲדָמָה, אֲשֶׁר-**הִבְדַּלְתִּי** לָכֶם לְטַמֵּא.
וִהְיִיתֶם לִי קְדֹשִׁים כִּי קָדוֹשׁ אֲנִי יְהוָה
וָאַבְדִּל אֶתְכֶם מִן-הָעַמִּים, לִהְיוֹת לִי

在上面這一大段經文中「分別出來 (**הבדיל**)」這個 hifil 字幹動詞密集地出現，一共有四次之多，有兩次是論到了耶和華神將以色列從萬民中「分別出來」。

是的，正如迦南地或者說以色列地，以色列百姓這一小群人也是耶和華神會「特別照護-看管」的對象。

關於這一點，歷史上有許多例子，譬如: 神拯救以色列百姓，帶領他們出埃及，到了波斯帝國，神也拯救猶太人免於哈曼的種族清洗的計謀，到了 20 世紀的納

粹集中營，儘管有 600 萬猶太人，占全世界三分之一的猶太人死於納粹被害，但神還是存留了餘民。

詩篇 121:4 說的再清楚不過：

『保護以色列的，也不打盹，也不睡覺。』
הִנֵּה לֹא-יָנוּם וְלֹא יִישָׁן שׁוֹמֵר יִשְׂרָאֵל

正是因為耶和華神將以色列地從萬國當中「**分別出來**」，耶和華神也將以色列人從萬邦萬民中「**分別出來**」，換句話說，也就是耶和華神祂會「**特別看顧-保護**」以色列的餘民，祂也「**特別預留**」以色列地，所以，這才能讓許多先知書裡面「不斷預言」的一件事情得以應驗和發生，就是：以色列(餘民)可以「**回歸**」，「**再次回到**」耶和華神向列祖亞伯拉罕-以撒-雅各所起誓應許要給他們的土地:以色列地之上。

以色列餘民「回歸」先祖之地，這件事情，是許多先知不斷在預言的一個主題，以賽亞、以西結、耶利米、何西阿、約珥、彌迦、西番亞、撒迦利亞、阿摩斯……等等。

按猶太人每週讀一段妥拉，還會再搭配讀一段「先知書」的傳統，<成聖>篇這段妥拉所搭配的先知書伴讀在阿摩斯書 9:7-15，來讀其中的幾節經文，阿摩斯書 9:11：

『到那日，**我必建立** 大衛倒塌的帳幕，堵住其中的破口，
　把那破壞的 建立起來，重新修造，像古時一樣…』

בַּיּוֹם הַהוּא אָקִים אֶת-סֻכַּת דָּוִיד הַנֹּפֶלֶת וְגָדַרְתִּי אֶת-פִּרְצֵיהֶן
וַהֲרִסֹתָיו אָקִים וּבְנִיתִיהָ כִּימֵי עוֹלָם

『我必使 我民以色列 被擄的 歸回；　他們 必重修荒廢的城邑 居住，
　栽種葡萄園，喝其中所出的酒，修造果木園，吃其中的果子。
　我要將他們 栽於本地，他們 不再從我所賜給他們的地上被拔出來。
　　　　　　　　　　　　　這是 耶和華－你的上帝 說的。』阿摩斯書 9:14-15

וְשַׁבְתִּי אֶת-שְׁבוּת עַמִּי יִשְׂרָאֵל וּבָנוּ עָרִים נְשַׁמּוֹת וְיָשָׁבוּ
וְנָטְעוּ כְרָמִים וְשָׁתוּ אֶת-יֵינָם וְעָשׂוּ גַנּוֹת וְאָכְלוּ אֶת-פְּרִיהֶם.
וּנְטַעְתִּים עַל-אַדְמָתָם וְלֹא יִנָּתְשׁוּ עוֹד מֵעַל אַדְמָתָם אֲשֶׁר נָתַתִּי לָהֶם
אָמַר יְהוָה אֱלֹהֶיךָ

在末後的日子，祢的子民:以色列會「回到」先祖的應許之地上，這乃是要彰顯出耶和華神「祢自己」的神聖、榮耀和權柄，這乃是祢的心意，惟願祢的旨意被成全。

問題與討論：

1. 從利未記這卷書的經文鋪陳和「發展」脈絡的過程，可以清楚看到有一個什麼樣的「**趨勢**和走向」？ 這個「**趨勢**和走向」同時也是耶和華神「造人的心意」。

2. 在利未記 19 章，清楚看到，耶和華神所要求<成聖>的對象和成員，不是只有那些在會幕裡供職侍奉的祭司、利未人，<成聖> 的對象還包含以色列的「**全體成員**」，也就是以色列的「**全會眾**」，為什麼耶和華神也要以色列的 全會眾 <成聖>？ 另外，在 19 章的經文中也看到，所謂的<成聖>乃是落實在「生活」的 每個方面、每個層面 之中，請在 19 章的經文中舉出<成聖>的 **具體作為**。

3. 在利未記 20 章，耶和華神幾乎花了一整章的篇幅，來警告並「嚴格禁止」各樣混亂、亂倫的性關係，耶和華神為了要「**強力守護-維繫**」全體的<聖潔>，在觸犯這些「性的亂倫和敗壞」的罪惡時，基本上都是用最嚴厲的「唯一死罪」來懲處。為什麼耶和華神對 (肉體/屬靈的) 淫亂罪惡 這麼嚴厲？

4. 在利未記中，「**成聖/聖潔**」的希伯來文「拼寫」有兩種拼法: 第一、神的「聖潔」(קָדוֹשׁ) 是「完全拼法」；第二、人的「聖潔」(קָדֹשׁ) 是「不完全拼法」，昔日抄寫利未記的文士們，透過「**成聖/聖潔**」的這兩種拼寫方式想要表達什麼？

5. 為什麼耶和華神對「以色列地的<聖潔>」會有極高的要求，也就是說，耶和華神會「**特別照護-看管**」這塊地，以至於，就算是以色列百姓在這塊土地上「犯罪敗壞」的時候，他們也會被這塊土地「**吐出去**」？

利未記 No.8 妥拉

<訴說>篇（פרשת אמור）

本段妥拉摘要：

利未記第八段妥拉標題<**訴說**>，希伯來文(**אֱמֹר**)。<**訴說**>篇這段妥拉經文的一個主要重點、主題，就是利未記 23 章的「節期」，講得更清楚是「**耶和華的節期**」，希伯來文(**מוֹעֲדֵי יְהוָה**)，這是整本妥拉裡面「首度有系統地」來講論節期，而且還是以耶和華神「第一人稱」的口吻在敘述，利 23:1-2：

『耶和華對摩西說：你曉諭以色列人說：**耶和華的節期 (מוֹעֲדֵי יְהוָה)**，你們要宣告為聖會的節期。**這些 都是我的節期。** 』

耶和華神「很看重」這些祂自己制定出來，是在「特定時間點」上所舉行的節期，『**這是耶和華所訂的日子**』。節期它其中一個最主要的功能就是「作見證」。節期就是「**作見證**」！ 是以色列百姓為著他們過去「曾經經歷」耶和華神一切的偉大救贖、「親身經歷」的「神蹟奇事」來「作見證」：

每當歷代的以色列百姓在過「**逾越節**」時，那麼他們就仍然「紀念」耶和華神讓他們可以出埃及、脫離為奴的歷史事件感恩，以色列的後代仍然在透過「逾越節」這個節期，在為耶和華神對以色列所施行的偉大救贖行動在「作見證」。**五旬節** 也一樣，猶太人仍然透過這個節期，在「紀念」當年先祖們在西奈山下領受十誡和耶和華神的一切聖法和妥拉的震撼場景，現在的以色列仍然在為著當時先祖們親身經歷的雷轟、閃電、號角聲，那個神威嚴的顯現的神聖西奈山天啟示事件在「作見證」。**住棚節**，同樣如此，現代的以色列也繼續過住棚節，為的就是要向世人「作見證」，見證耶和華神曾在曠野「親自帶領」他們，透過「會幕」的建造，與他們「同在」，在曠野漂流的 40 年間，神的會幕在人間，在以色列營地的中央。

是的，節期正是<**訴說**>著許多故事和見證，耶和華的節期，清楚的告訴我們耶和華神是如何的，與祂的百姓:以色列「同住-同在」，從亙古到如今，直到永遠。

利未記 No.8 妥拉 <訴說> 篇（פרשת אמור）

經文段落：《利未記》21:1 - 24:23
先知書伴讀：《以西結書》44:15 - 44:31
詩篇伴讀：42 篇
新約伴讀：《雅各書》1:1-18、《彼得前書》2:4-10

一、 「作見證」的節期

利未記第八段妥拉標題<訴說>。經文段落從利未記 21 章 1 節到 24 章 23 節。<告訴/訴說>這個標題，在利 21:1：

> 『耶和華對摩西說：「你 告訴 亞倫子孫作祭司的說:』
> וַיֹּאמֶר יְהוָה אֶל-מֹשֶׁה אֱמֹר אֶל-הַכֹּהֲנִים בְּנֵי אַהֲרֹן

這段妥拉的標題: <告訴/訴說> (אֱמֹר) 就是上面希伯來經文 21:1 的第五個字，這個字、這個命令式的動詞 (אֱמֹר) 就是本段妥拉的標題。

先回顧上一段妥拉<成聖>篇，在那裏講到耶和華神要以色列百姓的「全會眾」都要<成聖>，來到接續的<訴說>篇這段妥拉，就是要來談，應該如何「**維繫**」或者說「**繼續維持**」上一段妥拉談到的各項<成聖>生活準則。[1]

維繫<成聖>，繼續維持<成聖>的一個最主要的方式，就是按照耶和華神的<成聖>「**時間作息表**」來生活，也就是按著「**耶和華的節期**」來生活。

所以<告訴/訴說>篇 這段妥拉內容的其中一個重點，就是利未記 23 章所提到一系列的「**耶和華的節期**」(מוֹעֲדֵי יְהוָה)。而節期，也正好具有持久的<訴說>功能。因為，每當節期來到時，家族的族長-耆老、或是家裡的父-母親，都會向自己的家族成員、兒孫們 來<訴說> 耶和華神，在以色列百姓身上所做的一切「神蹟奇事」。

在利未記 23 章，這是妥拉首度、第一次系統性地提到所有「節期」時，經文並

---

[1] 從妥拉的「分段」來看，前一段的妥拉往往會和下一段妥拉有緊密的因果邏輯發展的關係。

沒有說這是「猶太人的」節期，或「以色列百姓的」節期，沒有⋯**耶和華神，乃是以「第一人稱」說：這是「耶和華」的節期**。利 23:1-2：

『耶和華對摩西說：你曉諭以色列人說：
耶和華的節期，你們要宣告為聖會的節期。
(這些就是我的節期)』

וַיְדַבֵּר יְהֹוָה אֶל-מֹשֶׁה לֵּאמֹר. דַּבֵּר אֶל-בְּנֵי יִשְׂרָאֵל וְאָמַרְתָּ אֲלֵהֶם
מוֹעֲדֵי יְהֹוָה אֲשֶׁר-תִּקְרְאוּ אֹתָם מִקְרָאֵי קֹדֶשׁ
אֵלֶּה הֵם מוֹעֲדָי

這裡，中文和合本聖經的翻譯並沒有把希伯來原文 21:2 的最後一句「非常重要」的話給翻譯出來，這句話就是：『**這些就是我的節期**(**אֵלֶּה הֵם מוֹעֲדָי**)。』[2]

經文清楚地表明，耶和華神以「第一人稱」說道：『這些就是 **我的 節期** (**מוֹעֲדָי**)。』

節期，希伯來文(**מוֹעֵד**)，讀音 **mo'ed**.。節期 (**מוֹעֵד**) 的組成字根，也就是「後兩個字母」讀音 **ed**.(**עֵד**)，意思是:作見證、見證人，英文 **witness**.

所以，「節期」其中的一個功能就是:『**作見證、成為證人**』，為著耶和華神，從過往到如今，在以色列百姓 (猶太人) 身上「所做的一切偉大的事情」來向世人做見證。

透過節期，得以讓以色列百姓的後代子孫「世世代代」永遠紀念，繼續「**作見證**」，為著耶和華神，和以色列的先祖:亞伯拉罕-以撒-雅各所立的「永恆的盟約」-「**作見證**」，見證這約，至今仍然有效⋯

首先是耶和華三大節期的第一個「**逾越節**」，這個節期是要紀念並「見證」以色列的先祖們「親身經歷」**出埃及、過紅海** 的神蹟奇事，所以先祖們把這個 (史詩般地) 經驗「傳承」給後代子孫，以至現在的猶太人，仍然透過「**逾越節**」，在為出埃及、耶和華神救贖行動「**作見證**」。

耶和華三大節的第二個:「**五旬節**」，五旬節乃是紀念以色列的先祖們，**在西奈山領受十誡**，「親身經歷、親眼看見、親耳聽到」那雷轟、閃電、號角聲、冒煙的山、密雲、以及 **耶和華神說話的聲音**。所以先祖們把這 (震撼) 的經歷「傳遞」給後代子孫，以至現在的猶太人，依舊透過「**五旬節**」，來繼續為領受十誡-妥拉來「**作見證**」。

---

[2] 『這些就是 我的節期/ 我所約定的特定時間 』英文翻成 these are **My appointed times**.

三大節期的最後一個「住棚節」，這個節期是紀念以色列的先祖們，四十年在曠野，「親身經歷」衣食無缺、「親身感受」耶和華神隨時的「同在、保護，以及引導」、「親眼看到」會幕的豎立。所以先祖們把這段 (寶貴) 的經歷「傳講」給後代子孫，以至現在的猶太人，仍然繼續透過「住棚節」這個節期，為著耶和華神與以色列的「同住-保護」這段 (人類歷史上) 特別的時期「作見證」。

是的，「節期」就是「作見證」，是為著耶和華神 (從古至今，以至末後) 祂在以色列身上，所曾經做的，以及所將要做的一切關於 (召聚-回歸-恢復-救贖) 的事來「作見證」。節期，是「見證」耶和華大能的作為，「見證」耶和華是一位「信實、守約」的神，「永不改變」的上帝。

正是透過「耶和華的節期 (מוֹעֲדֵי יהוה)」，才使得猶太人可以世世代代<訴說>著耶和華神在歷史上偉大的工作，以至流傳至今，也讓世人一同「見證」著耶和華神，在以色列人身上所施行的榮耀救贖，以及，與祂的百姓所立的「永約」直到今日甚至末後，永不改變。

正如申命記 4:32-34，摩西對以色列百姓所說的：

『你且考察在你以前的世代，自上帝造人在世以來，從天這邊到天那邊，曾有何民 聽見 上帝在火中說話的聲音，像你聽見還能存活呢？這樣的大事何曾有、何曾聽見 呢？上帝何曾從別的國中將一國的人民領出來，用 試驗、神蹟、奇事、爭戰、大能的手，和 伸出來的膀臂，並 大可畏的事，像 耶和華－你們的上帝在埃及，在你們眼前 為你們 所行的一切事 呢？』

כִּי שְׁאַל-נָא לְיָמִים רִאשֹׁנִים אֲשֶׁר-הָיוּ לְפָנֶיךָ לְמִן-הַיּוֹם אֲשֶׁר בָּרָא אֱלֹהִים אָדָם עַל-הָאָרֶץ וּלְמִקְצֵה הַשָּׁמַיִם וְעַד-קְצֵה הַשָּׁמָיִם הֲנִהְיָה כַּדָּבָר הַגָּדוֹל הַזֶּה אוֹ הֲנִשְׁמַע כָּמֹהוּ. הֲשָׁמַע עָם קוֹל אֱלֹהִים מְדַבֵּר מִתּוֹךְ-הָאֵשׁ כַּאֲשֶׁר-שָׁמַעְתָּ אַתָּה וַיֶּחִי. אוֹ הֲנִסָּה אֱלֹהִים לָבוֹא לָקַחַת לוֹ גוֹי מִקֶּרֶב גּוֹי בְּמַסֹּת בְּאֹתֹת וּבְמוֹפְתִים וּבְמִלְחָמָה וּבְיָד חֲזָקָה וּבִזְרוֹעַ נְטוּיָה וּבְמוֹרָאִים גְּדֹלִים כְּכֹל אֲשֶׁר-עָשָׂה לָכֶם יְהוָה אֱלֹהֵיכֶם בְּמִצְרַיִם לְעֵינֶיךָ

二、 節期的功能

『耶和華 專愛你們，揀選你們，並非因你們的人數多於別民，
原來 你們的人數 在萬民中「是最少的」。
只因 耶和華愛你們，又因要「守祂向你們列祖所起的誓」，
就用大能的手領你們出來，
從為奴之家救贖你們脫離埃及王法老的手。』申命記 7:7-8

לֹא מֵרֻבְּכֶם מִכָּל-הָעַמִּים חָשַׁק יְהוָה בָּכֶם וַיִּבְחַר בָּכֶם
כִּי-אַתֶּם הַמְעַט מִכָּל-הָעַמִּים.
כִּי מֵאַהֲבַת יְהוָה אֶתְכֶם וּמִשָּׁמְרוֹ אֶת-הַשְּׁבֻעָה אֲשֶׁר נִשְׁבַּע לַאֲבֹתֵיכֶם
הוֹצִיא יְהוָה אֶתְכֶם בְּיָד חֲזָקָה
וַיִּפְדְּךָ מִבֵּית עֲבָדִים מִיַּד פַּרְעֹה מֶלֶךְ-מִצְרָיִם

世界歷史，也同樣向我們表明這件事實，那就是：以色列在歷史上，從未成為一個「大帝國」，進行大肆「擴張」和無止境地「侵略」，正好相反，以色列反而是成為眾多強權「帝國」，燒殺擄掠的對象，從 埃及帝國、亞述帝國、巴比倫帝國、波斯帝國、希臘化大帝國、羅馬帝國、阿拉伯帝國、鄂圖曼土耳其帝國、大英帝國……

這些帝國大多橫跨歐、亞、非三洲，並且稱霸一方，不可一世。

但是兩千多年後，這些人類歷史榜上有名的「超級帝國」，都走入「歷史的塵埃」中，灰飛煙滅，不復存在。

而經歷國破家亡，被趕散流離的 (這一小小搓人) 猶太人，在過了兩千多年這麼長時間的歷史發展，卻還能「奇蹟」似地，再次回到故土，建立自己的國家、擁有自己的政府、說著自己的母語:希伯來語，訓練自己的軍隊保家衛國，這對「浪跡天涯、流離失所」這麼久、這麼長時間的猶太人，意味著什麼呢？ 或者我們要問的是，這是如何能成就的呢？

其實，對這一群經常「漂泊遷徙」的以色列百姓，這些，有著許多「居無定所」-「流亡」經驗的猶太人來說，他們對於看重附著於「空間」，或者說「土地」是比較少的，因為畢竟猶太人「被趕散」到世界各地，這個民族「散居」四處，沒有自己的家園和土地，已經有很長的一段時間，因此，對於猶太人來說，他們看重「時間」更甚於土地-空間。

所以，回顧以色列的民族史，那就會發現到，猶太人沒有被同化、或是最後走向衰亡，這是因為，在以色列這個獨特的信仰社群中，有一個「被約定好」的時間 (appointed times)、一個需要被「對準-對齊」的時間和曆法，就是「耶和華的節期」，這個「神聖時間表」扮演了一個非常重要的角色。

譬如說，散居在「世界各地」的猶太人，不管是住在俄羅斯、英國、德國、法國、美國、加拿大、巴西、墨西哥，或是非洲的摩洛哥、利比亞、突尼西亞、衣索比亞……等等，只要 耶和華的節期 一到，例如在尼散月的「逾越節」到了，全球各地的猶太人就會「對準-對齊」這個時間來過節，紀念以色列百姓出埃及，到了聖曆的第三個月，也就是西灣月，世界各地的猶太人又會「對齊」這個時間，一同慶祝「五旬節」，來紀念以色列人在西奈山領受十誡和妥拉，來到聖曆的第七個月，散居各地的猶太人同樣也是會「對準」時間，來過「吹角節、贖罪日 和 住棚節」。

上文我們所說的，其實描繪出一幅很特別的圖像，就是：儘管猶太人「被趕散-流亡」到了「不同」的地方，但卻會在「同一個時間點」上「對準-對齊」一個時間表，那就是:「耶和華的節期」。

是的，就是這個「時間」系統，這個「耶和華的節期」，它所具有的「呼召-凝聚」和「對齊-對準」的功能，所以才使得流亡四處、國破家亡的猶太人，還能繼續持守自己的信仰、文化和傳統。簡單說，猶太人雖然沒有土地，但是他們知道，要「繼續對準」神的時間。因為「這個時間」，這個節期是耶和華神「親自設立」的。利 23:1-2：

『耶和華對摩西說：你曉諭以色列人說：

耶和華的節期，你們要宣告為 聖會的節期。這些 就是我的節期 。』

經文中說的這個「聖會的節期」(מִקְרָאֵי קֹדֶשׁ)，白話的翻譯就是 神聖的「呼召-召集」，英文就是 holy convocation, holy assembly. 用一個具體地畫面來描繪這個「神聖的召集」，這就好比說：逾越節到了，有人就拿著鑼、拿著鈸，出去外面敲鑼打鼓，四處遊街，大聲喊著說：『耶和華的節期到了，逾越節要來了，請大家「預備好時間」，「準時」過節喔....』大概就像是這個樣子。

所以說，節期具有一種能夠讓全體百姓「聚集一處」、全國「總動員」的功能，關於這點，直到現在的情況仍然是如此，現在的以色列，每到三大節期:逾越節、五旬節和住棚節的時候，海外猶太人「回歸-回到」以色列「過節」的人潮非常非常的多。

節期 所具有的這種「召集、對齊、凝聚、統一」的功能，其實從「節期 (מוֹעֵד)」這個字的字根(יעד) 來看，就會非常清楚了，底下我們來看看幾個有(יעד)這個字根的單字

1. יַעַד (目標、目的地)
2. יָעַד (指定、命定)
3. עֵד (見證人、證人)
4. עֵדוּת (證物、法版) 出 25:16
5. עֵדָה (會眾、特定的社群)
6. אֹהֶל מוֹעֵד (會幕)

以上，從這幾個都共享著(יעד)這個字根的單字當中，我們可以得出以下的結論，就是，所謂的「節期」：就是一群擁有「同一目標」的信仰社群或團體，他們為著「共同的使命-呼召」，會在「特定的時間」、在確切的地點，聚在一處，來「一同見證」著，從過去到現在，所經歷的一切所有「集體民族」的神聖經驗。這個就是節期:「耶和華節期」的一個豐富完滿的意涵。

最後也來談一下耶穌，我們看到，在福音書的許多記載裡面，耶穌在世為人也是「過節期」的，過父神「耶和華的節期」，甚至耶穌也會「對準」節期 來教導百姓，帶出針對這個節期的信息。

耶穌來到世上「道成肉身」的救贖工作，完全就是以「耶和華的節期」為中心所開展出來的。

馬太福音 26:2，耶穌說：『你們知道，過兩天是 逾越節，人子將要被交給人，釘在十字架上。』

『你們既是無酵的麵，應當把舊酵除淨，好使你們成為新團；因為我們 逾越節 的羔羊基督(彌賽亞) 已經被殺獻祭了。』哥林多前書 5:7

上面這兩處經文，清楚地表明:耶穌是「逾越節」被殺的羔羊，這是因為，按照父神耶和華的時間計畫表，耶穌需要在「逾越節」受難。

再來，耶穌在「初熟節」復活，所以耶穌乃是成為『睡了之人 初熟的果子』林前 15:20

最後，耶穌升天前囑咐門徒，要在耶路撒冷等候父神在「五旬節」將聖靈澆灌下

來。使徒行傳 1:4

使徒行傳接下來的經文記到，使徒行傳 1:6-7：『他們 (門徒) 聚集的時候，問耶穌說：主啊，你 **復興-以色列國** 就在「這時候」嗎？耶穌對他們說：**父(神耶和華)** 憑著自己的權柄 **所定的時候、日期**，不是你們可以知道的。』

耶穌上十字架、流血、然後「三天後」死裡 **復活**，這就好像是 20 世紀的猶太人，在經歷歐洲的集中營-大屠殺，直到1945年二次大戰結束，但是這個被殘害殆盡、經歷「死亡」的猶太民族，卻在「三年後」的 1948 年 **復國**。

是的，在耶穌升天後的兩千年，21 世紀的我們，都一同見證了以色列的「**回歸-召聚-總動員**」的偉大時代，而這個，就是「**節期**」的真諦。

三、 以神為中心

在妥拉 (摩西五經) 當中，除了 (מוֹעֵד)[3] 這個字是用來指涉「**節期**」之外，另外還有一個非常重要的字，也是「節期」的意思，這個字就是 (חַג)，英文翻譯 **holiday** 或 **festival.**，每當逾越節、五旬節，或住棚節的節期來到時，猶太人就會互道「節期快樂」(חַג שָׂמֵחַ)。

節期 (חַג) 這個字，在整本妥拉中第一次出現的地方，是在出埃及記 5:1 這節經文，是耶和華首次吩咐摩西和亞倫，要去見法老，並對法老說: 讓以色列百姓離開埃及，出埃及記 5:1：

『耶和華以色列的上帝這樣說：容我的百姓去，在曠野 **向我守節/ 為我放假**。』
כֹּה-אָמַר יְהוָה אֱלֹהֵי יִשְׂרָאֵל שַׁלַּח אֶת-עַמִּי וְיָחֹגּוּ לִי בַּמִּדְבָּר

這裡我們看到這個「**向我守節**」，或者更白話一點的翻譯就是「**為我放假**」，希伯來文就是 (וְיָחֹגּוּ לִי)，這裡的動詞 (יָחֹגּוּ) **歡慶 celebrate**，它的字根 (חגג)，當名詞的時候，就是我們剛剛前面已經說過的「**節期**」(חג) 這個字。

---

[3] **節期** (מוֹעֵד) 這個字第一出現是在創世記 1:14『上帝說：「天上要有光體，可以分晝夜，作記號，定 **節令**(מוֹעֲדִים)、日子、年歲，』

稍微回顧一下出埃及記,在出埃及記前面,我們看到耶和華神在做的一件事情,就是,祂要祂的百姓:以色列「離開」埃及,要「脫離」這個以法老為主人,以埃及這個「為奴生活」為主的「作息時間表」,耶和華神這個時候要以色列百姓來個「**全國大罷工**」,不要再為那位象徵「罪惡」的王:法老,和埃及帝國繼續「做苦工」。所以,耶和華神要以色列人「**向神守節**」,或者,用我們剛剛前面白話的翻譯,就是「**為神放假**」,目的是要以色列百姓出埃及「得自由」。

所以,「**節期**」在妥拉第一次出現時,它指的其實就是一個「**假期**」和「**慶典**」,這個假期和慶典乃是要「慶祝」以色列的「出埃及」,也就是以色列的「重生」。

簡單來說,以色列百姓「出埃及」,乃是意味著他們要來進行一場「**無限期**」的罷工「**假期**」,因為耶和華神這個時候在西奈山,準備要等著和祂的百姓「**相認**」,耶和華神等著要見到這個「出埃及」-「重生的」以色列,所以這個**相認**,當然會以「**歡慶的節期**」被呈現出來。

因此,以紀念「**出埃及**」為主題的節期「**逾越節**」被放在耶和華節期當中的「**第一個**」節期,這就很好理解了,因為「逾越節」乃是一個標誌靈裡「**重生**」的節期,以色列百姓靈命真正的「生日」,這個生日就是以「出埃及」的那個月開始計算的。因此,出埃及的這個月:尼散月(**נִיסָן**),這個充滿 神蹟奇事(**נֵס**) 的月份,就被耶和華神定為「正月」,也就是「第一個月」了。就是出埃及 12:2 說的:

『你們要以本月為 正月,為一年之 首。』
הַחֹדֶשׁ הַזֶּה לָכֶם **רֹאשׁ חֳדָשִׁים רִאשׁוֹן** הוּא לָכֶם לְחָדְשֵׁי הַשָּׁנָה

以色列百姓的「出埃及」,脫離為奴之地和靈裡「重生」,這乃是耶和華神定意要做的事,也就是說,要讓以色列「罷工」,不繼續為法老作苦力,要讓以色列百姓「**放假**」得以休息和自由的乃是耶和華神。因此,**耶和華的節期** 乃是「**為以色列百姓**」所設立的,這就是出埃及記 10:9 節的經文所說的:

『我們要和我們老的少的、兒子女兒同去,且把羊群牛群一同帶去,
因為 我們務要向耶和華守節/ 耶和華的節期是為我們 (設立的)。』

經文最後一句說的:『**我們務要向耶和華守節**』,希伯來文(**חַג-יְהוָה לָנוּ**) 更直白的翻譯就是:**耶和華的節期是為我們 (設立的)**,英文 **The Festival of Jehovah is for us**

出埃及記 10:9 經文這裡出現的「節期」(**חַג**) 這個字,前文已述,是一個很重要的希伯來字,(**חַג**)這個字它的字根(**חוּג**)當動詞的時候,就是「**繞圈圈**」-「**轉圓圈**」的意思。

所以，當耶和華神對以色列百姓說『要向我守節』的時侯，這個所守的「節期」指的就不只是「一個」節期而已，而是「一整套」的節期，用一個比較形象化的語言來說，『要向我 (耶和華神) 守節』，其實就是: 以神為中心「繞圈圈-轉圓圈」。

因此，把神「放在中心/圓心」，或者講得更具體 把「神的時間」放在中間，以此畫出一個「時間的圓圈」，那麼我們就會依序畫出:以正月為首的逾越節、第三個月的五旬節、第七個月的吹角節、贖罪日和住棚節。這個就是一年份「一整套」的 耶和華節期。

是的，耶和華神之所要把以色列百姓領出埃及，目的就是要他們得著「真自由」，得著「重生」，重新取得一個「新的身分」:他們現在是耶和華神「長子」的身分、重新取得一個「新生命」:因為他們準備要去西奈山領受聖法，成為「祭司」的國度、「聖潔」的子民、並且也重新安裝一套「新的曆法」，一套「成聖生活」的時間作息表，就是「耶和華的節期」。

最後，也問問自己？ 我們是否也像以色列百姓那樣，經歷「出埃及-過紅海」，脫離老我，靈命「重生」得自由，並且已經過著「以神為中心」，以「神的時間為準」來生活的、喜樂-歡慶的「節期-假期」人生？

四、 「七」與「誓約」

> 『六日要做工，**第七日** 是聖安息日，當有聖會；
> 你們甚麼工都不可做。
> 這是在你們一切的住處 **向耶和華** 守的 **安息日**。』利 23:3

在所有時間的「計算」單位中，除了一週「七」天的計算之外，其他的諸如像是:**年、月、日**，計算的根據都是來自於「自然界」的星球彼此之間「物理運動」所造成的距離而計算出來的。

首先講「**年**」， 一年 365 天，主要的根據是因為地球「繞太陽公轉」的時間，約莫是 365 天的緣故。

123

再來,「月」,一個月的時間有 30 天左右,這是因為月的「滿盈和虧缺」的一個完整循環是 30 天。

那麼「日」,也就是「一天」24 小時的的概念怎麼來? 那是因為「地球自轉」的時間是 24 小時。

最後,要問的是「週」,一週 七天 的時間是怎麼來? 它有根據什麼自然定律嗎?答案是:沒有,只有一週「七」天時間的計算,它是「非自然的」,或者說是「超自然的」。創世記 2:2-3:

> 『到 第七 日,神造物的工已經完畢,
> 就在 第七 日歇了他一切的工,**安息**了。
> 神賜福給 第七 日,定為聖日;
> 因為在這日,上帝歇了他一切創造的工,就 **安息** 了。』

וַיְכַל אֱלֹהִים בַּיּוֹם הַ**שְּׁבִיעִי** מְלַאכְתּוֹ אֲשֶׁר עָשָׂה
וַיִּשְׁבֹּת בַּיּוֹם הַ**שְּׁבִיעִי** מִכָּל־מְלַאכְתּוֹ אֲשֶׁר עָשָׂה.
וַיְבָרֶךְ אֱלֹהִים אֶת־יוֹם הַ**שְּׁבִיעִי** **וַיְקַדֵּשׁ** אֹתוֹ
כִּי בוֹ **שָׁבַת** מִכָּל־מְלַאכְתּוֹ אֲשֶׁר־בָּרָא אֱלֹהִים לַעֲשׂוֹת

正如上面創 2:2-3 這兩節經文所表明的,一週之所以被設定為「七」天,其實正是印證-證明了:耶和華神用「七」天完成世界的「**創造**」,並且讓第「七」天被分別出來,成為「**聖日**」的事實。

因此,很特別的是,**這個代表「完全-神聖」的這個數字:「七」**,也就成為了「耶和華節期」和一些其他相關「時間」曆法和聖法的一個基數,我們可以從最小的單元開始來說,譬如:

1. 在第「七」天的 安息日、
2. 為期「七」天的節期:**逾越節、住棚節**、
3. 從逾越節的隔日開始數「七」個安息日的俄梅爾就會來到的 五旬節、
4. 三個被安置在聖曆「七」月的重要節期:
   七月初一**吹角節**、七月初十 **贖罪日**,七月十五開始的 **住棚節**、
5. 然後,有第「七」年的 安息年(**שְׁנַת שְׁמִטָּה**):這一年土地必須要休耕,而且奴隸會被無條件釋放。
6. 最後則是有滿了「七」個安息年之後的第五十年的「**禧年 (יוֹבֵל)**: 禧年除了土地休耕、奴隸釋放,還會有大規模的社會經濟及結構的變動,和財富重新調整,也就是「產業」會「各歸本家」。

以上，我們可以很清楚地看到，耶和華神是如何地透過「七」這個數字，或者說透過「安息日」來建構，並「逐步擴大」所有的節期和時間聖法: 從安息日開始、擴大到「節期」包括: 逾越節、五旬節、吹角節、贖罪日、住棚節，然後「再向上擴大」的安息年，最後則是「擴展至」影響層面最大的禧年。

接著來看看「七」這個字的希伯來文，七 (שֶׁבַע) 這個字的「字根」正如它本身的字母組成 (ש.ב.ע)，也出現在具有「七」日的「一週」a week.(שָׁבוּעַ) 這個單字裡，前文提到，只有「一週七天」的時間計算「不是根據」任何自然律所制定出來的。

再來是「誓約 (שְׁבוּעָה) 」和「起誓 (נִשְׁבַּע) 」的這個動詞，裡面都有 (ש.ב.ע) 的字根在裡面，

來看創世記 26:3，這節經文是耶和華神對以撒說的一段話:

> 『因為我要將這些地都賜給你和你的後裔。
> 我必堅定這個 誓約，就是 我向 你父亞伯拉罕 所起的誓。』

כִּי-לְךָ וּלְזַרְעֲךָ אֶתֵּן אֶת-כָּל-הָאֲרָצֹת הָאֵל
וַהֲקִמֹתִי אֶת-הַשְּׁבֻעָה אֲשֶׁר **נִשְׁבַּעְתִּי** לְאַבְרָהָם אָבִיךָ

在上面這節經文中我們看到「**誓約 (שְׁבֻעָה)** 」[4] 和動詞「**起誓 (נִשְׁבַּעְתִּי)** 」[5]，這兩個字，正如剛才提過的，這兩個字裡面都有「**七 (שֶׁבַע)** 」的這個字根在裡頭。

是的，在希伯來文裡面「七」和「誓約」有著極密切的關係。

因為耶和華神正是透過第「七」天的「**安息日**」，還有那些以「七」為基數的「**耶和華節期**」和以色列百姓「**起誓-立約**」，並且「**見證**」著祂與祂的子民:以色列的「**永恆盟約**」的關係。出埃及記 31:16-17:

> 『故此，以色列人要守 安息日，
> 他們要世世代代守 安息日，為 永遠的約(בְּרִית עוֹלָם)。
> 這是 我和以色列人 永遠的證據(אוֹת);
> 因為六日之內耶和華造天地，
> 第七日 便 安息 舒暢。』

---

[4] 創世記 26:3 中「**誓約 (שְׁבֻעָה)** 」這個字是用「不完全拼法」。
[5] 創世記 26:3 的「**起誓 (נִשְׁבַּעְתִּי)** 」動詞是「第一人稱單數完成式」的型態。

וְשָׁמְרוּ בְנֵי-יִשְׂרָאֵל אֶת-הַשַּׁבָּת

לַעֲשׂוֹת אֶת-הַשַּׁבָּת לְדֹרֹתָם בְּרִית עוֹלָם.

בֵּינִי וּבֵין בְּנֵי יִשְׂרָאֵל אוֹת הִוא לְעֹלָם

כִּי-שֵׁשֶׁת יָמִים עָשָׂה יְהוָה אֶת-הַשָּׁמַיִם וְאֶת-הָאָרֶץ

וּבַיּוֹם הַשְּׁבִיעִי שָׁבַת וַיִּנָּפַשׁ

透過出埃及記 31:16-17 這兩節的經文，讓我們清楚地看到，耶和華神透過第「七」天的 安息日，把祂自己與以色列所立的「誓約-永約」關聯到「大地的創造」與「自然律的運轉」，這就如先知耶利米所說的，耶利米書 31:35-36：

『耶和華如此說:
那使太陽白日發光，使星月有定例，黑夜發亮，又攪動大海，使海中波浪匉訇的，
萬軍之耶和華是祂的名。
祂如此說：這些定例若能在我面前廢掉，
以色列 的後裔也就在我面前 斷絕，永遠不再成國。』

כֹּה אָמַר יְהוָה

נֹתֵן שֶׁמֶשׁ לְאוֹר יוֹמָם חֻקֹּת יָרֵחַ וְכוֹכָבִים לְאוֹר לָיְלָה רֹגַע הַיָּם וַיֶּהֱמוּ גַלָּיו

יְהוָה צְבָאוֹת שְׁמוֹ.

אִם-יָמֻשׁוּ הַחֻקִּים הָאֵלֶּה מִלְּפָנַי נְאֻם-יְהוָה

גַּם זֶרַע יִשְׂרָאֵל יִשְׁבְּתוּ מִהְיוֹת גּוֹי לְפָנַי כָּל-הַיָּמִים

五、 「對齊」與「數算」

很多時候，人按著「自己」擬定的計畫，付出巨大的精神心力，投注耗費許多的金錢物資，最後的結果卻是「事倍功半」，不如預期，甚至白忙一場。

是的，沒有在「最適合」的時間，做「最恰當」的事情，那結果就是「白忙一場」，即便你如何的精心策畫，如何的殷勤努力。

『又要守「收割節」(חַג הַקָּצִיר)，
所收的是你田間所種、勞碌得來初熟之物。』出埃及記 23:16

וְחַג הַקָּצִיר
בִּכּוּרֵי מַעֲשֶׂיךָ, אֲשֶׁר תִּזְרַע בַּשָּׂדֶה

五旬節，在妥拉/摩西五經中，最早被提及的名稱就是「收割節」。

很有意思的是，耶和華神在以色列百姓還在沙漠曠野，這一望無際、一片荒蕪的環境，在吃都吃不飽、喝都喝不夠，連生存都有困難的條件之下，就先教導他們正確的農耕「作息時間」表。耶和華神要以色列百姓「先行學習」一項「信心」的功課，就是:你們要「對齊」耶和華神所預定的「時間」，這樣你們辛苦勞碌的「收割」和工作，才會帶來最大效益的「豐收」。

在「最佳的時間」撒種，期間耕地、降雨、施肥，然後「等待、等候」作物的「初熟」，最後在「最好的時間」進行收割，因為這樣收割的作物它果實的「質-量」才是最好的，如此，才能歡喜快樂地迎接這「豐收」的歡慶時刻。

剛剛講的這些，都是等以色列百姓過約旦河，得地為業，開始耕作以後，才可以真正「實際」去經歷的。

然而，耶和華神在以色列百姓仍處在艱困匱乏的曠野、在「一無所有」的情況下的時候，就已經要他們開始學習去相信:『對齊時間，帶來豐收』的信念。

這樣的信念，其實也是非常合理的，因為耶和華神乃是創造天地宇宙萬物的主，『全地都是祂的』，所以神當然知道、也洞悉大地運行、自然流轉的「時間次序」和法則。

再來，五旬節還有另一個重點，就是「數算俄梅爾」(סְפִירַת הָעוֹמֶר)，先來看兩處經文，首先，利 23:15-16：

『你們要從安息日的次日，從你們獻 禾捆 (俄梅爾) 的搖祭的那日 數算 起，要滿了七個安息日。到第七個安息日的次日，數算五十天，又要將新素祭獻給耶和華。』

וּסְפַרְתֶּם לָכֶם מִמָּחֳרַת הַשַּׁבָּת מִיּוֹם הֲבִיאֲכֶם אֶת-עֹמֶר הַתְּנוּפָה שֶׁבַע שַׁבָּתוֹת תְּמִימֹת תִּהְיֶינָה. עַד מִמָּחֳרַת הַשַּׁבָּת הַשְּׁבִיעִת תִּסְפְּרוּ חֲמִשִּׁים יוֹם וְהִקְרַבְתֶּם מִנְחָה חֲדָשָׁה לַיהוָה

接著是出埃及記 34:22：

『在 收割初熟小麥 的時候，要守 七七節。』
וְחַג שָׁבֻעֹת תַּעֲשֶׂה לְךָ בִּכּוּרֵי קְצִיר חִטִּים

在逾越節後的第一個安息日的隔天，耶和華神吩咐以色列百姓，要「**數俄梅耳**」，因為這一日是百姓「開始收割」初熟大麥 之日。在收割大麥的同時，還要腦袋清楚地「計算」著 49 天，及每天割取並「累積」出 49 捆大麥。好提醒自己，等到第 50 天的時候，就是「七七節」，就是我們剛剛讀的出埃及記 34:22 節經文提到的，「七七節」就是 小麥 的「初熟」及開始「收割」日子的時間點。

「**俄梅耳**」(**עֹמֶר**) 希伯來文具體的翻譯就是一「**捆**」的意思。

耶和華神要以色列百姓在逾越節後的安息日，第二天，開始每天「重複」做著一個「看似無聊」的動作：就是，數著一捆又一捆，剛收割的新鮮大麥。

第一天一捆、第二天「累計」兩捆、第三天「共計」三捆、第四天來到四捆...以此類推，到第 49 天時，放置禾捆的地方，已「**塞滿**」整個倉房，滿滿地 49 捆大麥向人展示一幅「**豐收**」的圖像，然後帶著這「大禮」:49 捆大麥進入第 50 天，迎接七七節，這個可以開始收割「初熟小麥」的日子的到來。

數算俄梅珥，其實就是『數算神所賞賜的恩典』，這樣的數算不是以『每天回到原點』為單位的數算，而是以一種『不斷累積、持續疊加』的長時間的方式來數算。例如:第一天數一捆、第二天的數算，就要「包含」前一天所數的「累計上去」數為兩捆、第三天，自然也包括前兩天所數的。儘管每天收割的量或許一樣，甚至更少，或者說應該是越來越少。

常常人會埋怨神，是因為我們「只看當下」的不足和匱乏，卻忘記神在我們過去所施展的一切幫助和奇妙的拯救。就像以色列百姓一樣，如果「數算恩典」是以『每天回到原點』的方式來數算，那麼就算過去經歷十災、過紅海、雲柱火柱、天降嗎哪……這麼多超自然的「神蹟和恩典」，他們在遇到沒水喝、沒肉吃時，仍會大肆抱怨。

真正的數算恩典，是「**從以前到如今**」的數算，是以一種『**不斷累積、持續疊加**』的長時間的方式來數算。

在這 49 天，每天辛苦流汗的「收割」、每天清楚具體的「數算」的過程中，讓以色列百姓更加深刻地意識到，他們手裡所拿的、所割的大麥，**都是耶和華神所**

賞賜的。因為若地不效力、天不降雨，百姓再怎麼努力，仍枉然勞力、不得吃食。

再來，數俄梅珥，一連四十九天「重複數著」大麥禾捆，為的也是要讓百姓「親眼看到」收割大麥所展示出「累積和豐盛」的畫面。這樣，才會讓他們更加體悟到，**原來我們的神是賞賜「豐盛」、使我們「豐收」的主**，這會讓我們更加心存感恩。

然後等到數大麥禾捆的日子「滿足」了，也就是數滿 49 捆時，其他幾種作物 (例如:小麥) 也生長「完滿」、來到「初熟」之時，以色列百姓又「接著進入」到另一個收割和豐盛的「延續和循環」當中...

數俄梅爾，就是「**數算恩典**」，在這個「長時間的數算」過程中，讓我們學習去體會和經歷神信實的供應，還有祂所賞賜的豐盛，最重要的是: 這個豐盛是『不斷累積、持續疊加』的、是有「延續性」的，到了這個豐盛「完滿」以後，還會進入到下一個收割-豐收的「循環」。

因為，神所給予的恩典是「永續-長存」的，**只要我們按著祂的旨意、祂的計畫和「時間表」來行**。

問題與討論：

1. 從希伯來文的「**節期 (מוֹעֵד)**」讀音 **mo'ed** 一字，和它的組成字根，也就是「後兩個字母」讀音 **ed.** (**עֵד**) 意思是: **作見證、見證人**，英文 **witness.** 就可以清楚而具體地看出，節期「最基本的意涵」是什麼？

2. 在以色列-猶太人民族的歷史和文化中，**節期** 扮演一個很重要的角色，儘管猶太人「被趕散-流亡」到了「不同」的地方，但卻會在「同一個時間點」上「**對準-對齊**」一個時間表:「**耶和華的節期**」。對以色列來說，到底 **節期** 具備什麼樣強大的「**功能**」？

3. **節期** 的另一個希伯來字 (**חג**) 在整本妥拉中第一次出現的地方 (是以動詞的形態出現)，在出埃及記 5:1，這節經文是耶和華神首次吩咐摩西和亞倫，要去見法老，並對法老說: 讓以色列百姓離開埃及，出埃及記 5:1:『耶和華以色列的上帝這樣說：容我的百姓去，在曠野 **向我守節/ 為我放假。**』(**חג**) 這個字它的字根 (**חוּג**) 當動詞的時候就是「**繞圈圈**」-「**轉圓圈**」的意思。所以「**向耶和華守節**」的具體意涵所指為何？

4. **七 (שֶׁבַע)** 這個數字在「耶和華的節期」中為何如此重要？ **七** 這個字和擁有與其同一字根的「**一週 (שָׁבוּעַ)**」、「**誓約 (שְׁבוּעָה)**」和「**起誓 (נִשְׁבַּע)**」這三個字有何意義上的關聯？ 耶和華神是如何透過這幾個詞，來表達出祂與以色列的「**永恆盟約**」關係？

5. 試從 五旬節/收割節/七七節 去思考「**對齊與數算**」的人生-信仰的課題。

利未記 No.9 妥拉

<在西奈山>篇 (פרשת בהר)

本段妥拉摘要:

利未記第九段妥拉標題<在西奈山>，希伯來文(בְּהַר)。這個標題立刻就讓我們想到耶和華神<在西奈山>那威嚴甚至又令人顫慄恐怖的顯現，出埃及記 19:16-17『到了第三天早晨，<在(西奈)山上> 有雷轟、閃電，和密雲，並且號角聲甚大，營中的 百姓盡都發顫。摩西率領百姓出營迎接神，都站 <在(西奈)山下>。』

『<西奈全山> 冒煙，因為 耶和華在火中降於 <山上>。山的煙氣上騰，如燒窯一般，<遍山> 大大震動。號角聲 漸漸地高而又高，摩西就說話，神有聲音答應他。』出埃及記 19:18-19

上面的經文，讓我們看到耶和華神<在西奈山>的「王權」顯現，強力地表明出祂是那位創造天地宇宙萬物的主宰，祂是「全地的主」，正如祂<在西奈山>和以色列百姓「立約」時說的：『如今你們若實在聽從我的話，遵守我的約，就要在萬民中作屬我的子民，**因為 全地都是我的。**』出埃及記 19:5

是的，正因為「全地」都是耶和華神的，所以<在西奈山>這段妥拉，經文提到耶華神要以色列百姓必須遵守「**安息年**」這個聖法，也就是:在第七年，必須讓土地「休耕」，使土地也能來向耶和華神「守聖安息」，就像人在第七日要過安息日一樣。另外，在「安息年」土地所產的一切，要分給那些在社會上比較弱勢的人。

除了「安息年」之外，這段妥拉另一個重要的聖法就是「**禧年**」，「禧年」條例的制定，更讓以色列百姓清楚的意識到也知道，土地真正的「擁有者」不是人，而是耶和華神，正如利未記 25:23 說的：

『地不可永賣，因為 **地是我 (耶和華神) 的**；你們在我面前是客旅，是寄居的。』

131

利未記 No.9 妥拉 <在西奈山> 篇（פרשת בהר）

經文段落:《利未記》25:1 - 26:2
先知書伴讀:《耶利米書》32:6-27
詩篇伴讀: 112
新約伴讀:《路加福音》4:16-21

一、 <西奈山>的「王權」

利未記第九段妥拉標題<在(西奈)山>。經文段落從利未記25章1節到26章2節。<在(西奈)山>這個標題，在利 25:1:

> 『耶和華 在(西乃)山 對摩西說：』
> וַיְדַבֵּר יְהוָה אֶל-מֹשֶׁה **בְּהַר** סִינַי לֵאמֹר

這段妥拉的標題: <在(西奈)山> (**בְּהַר**) 就是上面希伯來經文 25:1 的第五個字，這個字 (**בְּהַר**) 就是本段妥拉的標題。

在談這個標題前，先回顧一下利未記，在前面利未記第七段妥拉<成聖>篇的第一段信息文本，我們談過，整卷利未記經文的發展脈絡是一本「走向」<成聖>，「邁向」<成聖>，將<神聖-聖潔>落實和成就在「生活各個面向」的一卷書。

首先，利未記一開始 第 1-10 章，講述的是「會幕-獻祭」；再來，從 11 章到 16 章，耶和華神開始教導百姓去分別「潔淨-不潔淨」；來到 19 章，耶和華首次提及<成聖>的對象要包含「全會眾」，而且還羅列出各樣<成聖>生活準則；再進入到<在西奈山>這段妥拉，利未記 25 章所講論的<成聖>又進一步「擴大到」整個社會、經濟、國家，甚至是土地和自然。

所以，從這個脈絡看下來，利未記所要求的<成聖>，很清楚有這樣的一個走向的，這個<成聖>的走向就是: **從會幕到社會，從祭司到人民。**

是的，神所要求<成聖>的「對象」，不是只有神職人員，不是只有祭司和利未人而已，**神也要全體百姓、全會眾都要<成聖>。**

再來，<成聖>的範圍不是只有「在會幕」裡面的服事才叫做<成聖>，<成聖>乃是必須要落實在「生活」的「各個層面」，小至個人，大至社會，包括經濟、國家，甚至還包含了土地以及自然的<成聖>。所以，耶和華神教導祂的百姓，祂對於<成聖>的概念和定義，乃是一種「全然-全面」的<成聖>。

但是，要如何能讓百姓「敬畏」這位創造天地宇宙萬物的主宰，並且將<神聖> 全然地「落實和成就」在祂所創造的大自然和土地上？

那首要的條件和前提當然就是：以色列百姓必須「完全承認」耶和華神的「威嚴和主權」，也願意「完全遵守」祂所制定的「一切聖法」，尤其是那些關乎人們所最在意的「個人財產-土地」，以及那些在層面上是牽連「更廣泛」和「更大結構」的聖法，例如像是在這一段妥拉中提到的「安息年」和「禧年」。因為，像這種「國家-全國性」的聖法，必須要「全體-所有」的以色列百姓都遵守，這才有辦法真正「被成就和實踐」出來。

因此，這也就是為什麼，安息年、禧年，會出現在這段，是以<在西奈山>為標題「來命名」的妥拉的原因了。

因為，以色列百姓正是<在西奈山>「親身歷臨」耶和華神無比的「威嚴和王權」，出埃及記 19:16-17：

『到了第三天早晨，<在(西奈)山上>有雷轟、閃電，和密雲，並且號角聲甚大，營中的 百姓盡都發顫。摩西率領百姓出營迎接神，都站 <在(西奈)山下>。』

וַיְהִי בַיּוֹם הַשְּׁלִישִׁי בִּהְיֹת הַבֹּקֶר וַיְהִי קֹלֹת וּבְרָקִים וְעָנָן כָּבֵד עַל-הָהָר וְקֹל שֹׁפָר חָזָק מְאֹד וַיֶּחֱרַד כָּל-הָעָם אֲשֶׁר בַּמַּחֲנֶה. וַיּוֹצֵא מֹשֶׁה אֶת-הָעָם לִקְרַאת הָאֱלֹהִים מִן-הַמַּחֲנֶה וַיִּתְיַצְּבוּ בְּתַחְתִּית הָהָר

『<西奈全山> 冒煙，因為 耶和華在火中降於 <(西奈)山上>。山的煙氣上騰，如燒窯一般，<(西奈)遍山> 大大震動。號角聲 漸漸地高而又高，摩西就說話，神有聲音答應他。』出埃及記 19:18-19

וְהַר סִינַי עָשַׁן כֻּלּוֹ מִפְּנֵי אֲשֶׁר יָרַד עָלָיו יְהוָה בָּאֵשׁ וַיַּעַל עֲשָׁנוֹ כְּעֶשֶׁן הַכִּבְשָׁן וַיֶּחֱרַד כָּל-הָהָר מְאֹד. וַיְהִי קוֹל הַשֹּׁפָר הוֹלֵךְ וְחָזֵק מְאֹד מֹשֶׁה יְדַבֵּר וְהָאֱלֹהִים יַעֲנֶנּוּ בְקוֹל

上面的經文讓我們看到，以色列百姓當時 <在西奈山> 所親身體會經歷到的耶和華神的「王權」，神對於祂所「創造」的「自然全地」的權柄的展現。

133

正如這段妥拉的標題<在西奈山>所揭示的，以色列百姓正是<在西奈山>才清楚的體認到，握有「土地的主權」其實並不是人，而是耶和華神，因為「大地全部」都是耶和華神所創造的，『全地都是屬祂的』。出埃及記 19:4-5：

『我向埃及人所行的事，你們都看見了，且看見我如鷹將你們背在翅膀上，帶來歸我。如今你們若實在聽從 我的話，遵守 我的約，就要 在萬民中作屬我的子民， 因為 全地都是我的。』

אַתֶּם רְאִיתֶם אֲשֶׁר עָשִׂיתִי לְמִצְרָיִם וָאֶשָּׂא אֶתְכֶם עַל-כַּנְפֵי נְשָׁרִים וָאָבִא אֶתְכֶם אֵלָי.
וְעַתָּה אִם-שָׁמוֹעַ תִּשְׁמְעוּ **בְּקֹלִי** וּשְׁמַרְתֶּם אֶת-**בְּרִיתִי** וִהְיִיתֶם **לִי סְגֻלָּה מִכָּל-הָעַמִּים**
כִּי-**לִי כָּל-הָאָרֶץ**

正是因為<在西奈山>，以色列百姓「承認」耶和華神對「全地」的主權，知道土地，其實並不是「人自己」真正擁有的，所以，以色列百姓才能「有意識地」去遵守「安息年」土地「不能耕作」的規定，因為到了第七年的「安息年」，就連土地，也好像人一般，也要向耶和華神來「守」聖安息日，這個就是利 25:4-5 說的：

『第七年，地要守 聖安息，就是 向耶和華守的安息，
不可耕種田地，也不可修理葡萄園。遺落自長的莊稼不可收割；
沒有修理的葡萄樹也不可摘取葡萄。
這年，地要守聖安息。』

最後，我們用申命記 10:14 這節經文，來作為本段的一個小結：

『看哪，天和天上的天，地 和地上所有的，
都屬耶和華 你的神。』

הֵן לַיהוָה אֱלֹהֶיךָ
הַשָּׁמַיִם וּשְׁמֵי הַשָּׁמָיִם הָאָרֶץ וְכָל-אֲשֶׁר-בָּהּ

二、 安息年

在整本妥拉 (摩西五經) 當中，第一個被「分別為聖」的是什麼呢？來看創世記 2:3：

> 『神賜福給 第七日，將它 分別為聖；
> 因為在這日，祂 歇了(שָׁבַת) 祂所做一切祂所創造的祂的工。』

וַיְבָרֶךְ אֱלֹהִים אֶת-יוֹם הַשְּׁבִיעִי וַיְקַדֵּשׁ אֹתוֹ
כִּי בוֹ שָׁבַת מִכָּל-מְלַאכְתּוֹ אֲשֶׁר-בָּרָא אֱלֹהִים לַעֲשׂוֹת

耶和華神第一個「分別為聖」的，就是「安息日」，安息日之所以被分別為聖，乃是「紀念-見證」耶和華神用「七天」的時間「完成創造」之工並「歇息-安息」。

因此，耶和華神要以色列百姓「守」安息日，「紀念」安息日，意思就是要他們相信，**並且承認「上帝創造」天地萬物，耶和華神擁有對「全地的主權」。**

上面創世記 2:3 後半句的經文『因為在這日，祂 歇了(שָׁבַת) 祂所做一切祂所創造的祂的工。』

這邊講到，耶和華神祂「歇了」一切創造之工的「歇了」這個動詞(שָׁבַת) 意思就是「休息、停止」，在現代希伯來文，這個字指的就是「罷工」，也就是「**有意識的停止**」任何工作，(שבת) 這個字根若當名詞來使用，就是我們耳熟能詳的 **Shabbat**「(שַׁבָּת) 安息日」，所以如果大家有去過以色列，在星期五傍晚日落時，就會聽到猶太人彼此互道著 (שַׁבָּת שָׁלוֹם) **Shabbat Shalom**，就是「安息日平安」。

回到利未記，利 25:3-4 這裡提到：

> 『六年要耕種田地，也要修理葡萄園，收藏地的出產。
> 第七年，地要守聖安息，就是 向耶和華守的安息，
> 不可 耕種田地，也不可 修理葡萄園。』

שֵׁשׁ שָׁנִים תִּזְרַע שָׂדֶךָ וְשֵׁשׁ שָׁנִים תִּזְמֹר כַּרְמֶךָ וְאָסַפְתָּ אֶת-תְּבוּאָתָהּ.
וּבַשָּׁנָה הַשְּׁבִיעִת שַׁבַּת שַׁבָּתוֹן יִהְיֶה לָאָרֶץ שַׁבָּת לַיהוָה:
שָׂדְךָ לֹא תִזְרָע וְכַרְמְךָ לֹא תִזְמֹר

這裡我們看到，除了人要向神「守安息日」之外，就連土地，也要也向耶和華神「守聖安息」，這意思是什麼，這意思就是說：**土地也要來「承認」，或者說「頌讚」耶和華神創造「全地的主權」。**

所以，經文為了強調出耶和華神對於「土地的主權」，也就是:土地也要來「向神守安息」這件事，在利未記 25 章 1-7 這個段落中，經文出現了妥拉經常使用的一種修辭技巧:「一詞七現」的格式 [1]，在利未記 25 章 1-6 當中，我們會看到這個有 (שבת) shabbat「安息-歇息」字根出現的單字，出現「七」次，利 25:1-6：

『耶和華在西奈山對摩西說：你曉諭以色列人說：你們到了我所賜你們那地的時候，地就要向耶和華 守(שָׁבְתָה) 安息(שַׁבָּת)。六年要耕種田地，也要修理葡萄園，收藏地的出產。第七年，地要有 聖-安息(שַׁבַּת שַׁבָּתוֹן)，就是向耶和華守的 安息(שַׁבָּת)，不可耕種田地，也不可修理葡萄園。遺落自長的莊稼不可收割；沒有修理的葡萄樹也不可摘取葡萄。這是地的 聖安息(שַׁבָּתוֹן) 年。地在 安息(שַׁבַּת) 所出的，要給你和你的僕人、婢女、雇工人，並寄居的外人當食物。 』

透過這個「一詞七現」的格式，讓我們清楚知道，經文本身所要「特別強調」出的這一個訊息，就是: **土地也要向耶和華神「守安息」。**

土地到了第七年要守「安息年」的這個條例，其實也就是百姓在第七天要守「安息日」這個聖法的一個「結構的擴大」，所以可以這樣說，土地要「守安息年」，這乃是向耶和華神所「分別為聖」的「安息日」來致敬 的一種概念，這表示出，**除了人之外，就連「土地-自然」，也要來承認耶和華神祂「掌管全地」的「王權」。**

所以，透過土地在第七年「必須休耕」的「安息年」條例，這就讓百姓清楚意識到，土地，其實並不是你們「所擁有」的，或者更具體來說，以色列百姓所要進去「得地為業」的迦南地，那地的真正所有權「不是」你們以色列人的，而是耶和華神的，正如利 25:2 明白說到的：

> 『你要吩咐以色列人，對他們說：
> 你們到了 我所賜你們那地 的時候，
> 地要休耕，是向耶和華守的安息。』

דַּבֵּר אֶל-בְּנֵי יִשְׂרָאֵל וְאָמַרְתָּ אֲלֵהֶם
כִּי תָבֹאוּ אֶל-הָאָרֶץ אֲשֶׁר אֲנִי נֹתֵן לָכֶם
וְשָׁבְתָה הָאָרֶץ שַׁבָּת לַיהוָה

---

[1] 關於「一詞七現」的修辭，同參利未記 No.2 妥拉<吩咐/命令>篇之第五段「照神所吩咐的行」、利未記 No.6 妥拉<死了之後>篇之第一段「靈命大檢修」。

利 25:2 的經文清楚的告訴以色列人，土地「不是」你們的，土地的所有權乃是耶和華神的，你們以色列之所以能進去迦南地，**乃是因為祂與先祖:亞伯拉罕-以撒-雅各所「起誓應許的約」**，而「白白賞賜」給你們的。利 25:23 說的更清楚:

『因為 **地是我的**；你們 在我面前 是客旅，是寄居的。』
כִּי-**לִי הָאָרֶץ** כִּי-**גֵרִים וְתוֹשָׁבִים** אַתֶּם עִמָּדִי

人，不是大地的主人，耶和華神才是，因為萬物大地、整個自然界和生態都是祂造的，所以當耶和華神頒布土地也要「守安息年」的條例的時候，另外一個神所要強調出的一個信息和重點就是:

耶和華神是「**照管-照護**」大地的神，耶和華神會「**全面地照顧**」到土地上每一個人和每一個動物走獸的生存，利 25:5-7:

『遺落自長的莊稼 不可收割；沒有修理的葡萄樹 也不可摘取葡萄。這年，**地要守聖安息**。地在 安息年 所出的，要 給你和 你的僕人、婢女、雇工人，並 寄居的外人 當 食物。這年的土產也要 給你的牲畜 和 你地上的走獸 當 食物。』

耶和華神在妥拉當中所頒布的一切聖法，其實都是要給人帶來「**生命和富足**」的，神的心意是要我們「**豐盛**」的，正如以色列百姓在曠野經歷天降嗎哪，在第六日會降下雙份嗎哪，**第七日 一整天** 大家可以在家「安息-休息」，不用出去努力尋找，這就是: **安息日 的 雙份恩膏和祝福**。

同樣，現在耶和華神又更進一步要求以色列百姓，在 第七年 一整年「不耕作」，讓土地休息，讓土地「向神守安息」，也許按照一般人的想法和邏輯，覺得這是不可能的，怎麼可能一整年都不耕作，這樣來年不就要餓肚子了嗎？

可是，神就是要以色列百姓「去經歷」這個比安息日「雙份恩膏」還要更大的祝福和神蹟，那就是「**安息年**」的「**三倍**」祝福，這就是利 25:18-21 說的:

『我的律例，你們要遵行，我的典章，你們要謹守，
就可以在那地上安然居住。地必出土產，你們就要吃飽，在那地上安然居住。
你們若說:『這第七年我們不耕種，也不收藏土產，吃甚麼呢？』
我必在第六年將我所命的福賜給你們，
地便生 三年的土產。』

是的，當你將生命主權「完全交託」給神的時候，神就會用「超然的」方式來幫你「贖回」 (你過去曾經失去的) 時間和產業。

三、 禧年

『當年七月初十日，你要 **大發角聲**；這日就是 **贖罪日**，要在 **遍地發出角聲**。
第五十年，你們要當作 **聖年**，在遍地給一切的居民宣告 **自由**。這年必為你們的
禧年，各人要 **歸自己的產業，各歸本家**。』利 25:9-10

וְהַעֲבַרְתָּ **שׁוֹפַר תְּרוּעָה** בַּחֹדֶשׁ הַשְּׁבִעִי בֶּעָשׂוֹר, לַחֹדֶשׁ בְּיוֹם, **הַכִּפֻּרִים תַּעֲבִירוּ שׁוֹפָר**
בְּכָל-אַרְצְכֶם. וְקִדַּשְׁתֶּם אֵת שְׁנַת הַחֲמִשִּׁים שָׁנָה וּקְרָאתֶם **דְּרוֹר** בָּאָרֶץ לְכָל-יֹשְׁבֶיהָ;
יוֹבֵל הִוא תִּהְיֶה לָכֶם **וְשַׁבְתֶּם אִישׁ אֶל-אֲחֻזָּתוֹ וְאִישׁ אֶל-מִשְׁפַּחְתּוֹ תָּשֻׁבוּ**

「**禧年**」，這個在利未記當中，耶和華神向以色列頒布的，一個非常獨特而且是
非常重要的聖法，在上面的經文中，我們看到在「禧年」當中出現的幾個元素。

首先、「**號角聲**」希伯來文**(שׁוֹפָר)**，「號角」在聖經裡面經常指涉的是關乎到耶和
華神的「**王權**」展現，所以當以色列百姓<在西奈山>和耶和華神相認，看到耶和
華神這個 王權「降臨-顯現」時，他們就聽到了那又高又大的「**號角聲**」，出埃
及記 19:18-19：

> 『<西奈全山> 冒煙，因為 耶和華在火中降於 <山上>。
> 山的煙氣上騰，如燒窰一般，<遍山> 大大震動。
> **號角聲** 漸漸地高而又高…』

וְהַר **סִינַי** עָשַׁן כֻּלּוֹ מִפְּנֵי אֲשֶׁר **יָרַד** עָלָיו יהוה בָּאֵשׁ
וַיַּעַל עֲשָׁנוֹ כְּעֶשֶׁן הַכִּבְשָׁן וַיֶּחֱרַד כָּל-הָהָר מְאֹד.
וַיְהִי קוֹל הַשֹּׁפָר הוֹלֵךְ וְחָזֵק מְאֹד

再來要說的是，「禧年」被放在 **第五十年的「贖罪日」**的這個時間點上面，這個
一年一度，只能由大祭司本人，進去會幕的至聖所裡面，來到耶和華神面前，替
以色列百姓「**全會眾**」贖「**所有罪愆**」的一個最神聖的節日，利 16:30：

> 『因在這日要為你們贖罪，使你們潔淨。
> 你們要在耶和華面前得以潔淨，脫盡一切的罪愆。』

כִּי-בַיּוֹם הַזֶּה יְכַפֵּר עֲלֵיכֶם לְטַהֵר אֶתְכֶם
מִכֹּל חַטֹּאתֵיכֶם לִפְנֵי יהוה תִּטְהָרוּ

綜合第一點，**禧年會在遍地發出**，這個代表 耶和華神「王權」的「號角聲」，以及第二點，**禧年被安置在「贖罪日」這個「除去-赦免」所有債務**，也就是「罪債」的神聖節期，那麼就下來要進入到「禧年」這個條例的「具體內容」：

禧年，如前文所述，來到禧年開始的這一天，**全地發大發「號角聲」，大家都必須要承認耶和華神對於「掌管全地」的王權和主權**，所以，在「禧年」的時候，也就是在第五十年的「贖罪日」那一天，耶和華神會施行以色列全地，和全體百姓的「債務免除」，和「土地-產業歸還」的「大調動」。

「禧年」(יוֹבֵל)，它的字根 (י.ב.ל) 當動詞的意思就是「運輸、搬遷、調動」，這個字同時也是「號角」的意思，所以這個字很有意思。

耶和華神設立「禧年」這個聖法，其實目的就是 要防止「財富分配不均」、和「貧富差距懸殊」的問題和狀況發生。

就土地而言，譬如說當一個家庭，他因為缺錢，有債務了，「被迫要賣」田產土地，而且可能是用「賤價」賣出，那麼，這個家主、或地主，也許從此之後開始過著「舉債渡日」的艱困生活，也許一輩子都無法翻身，是的，如果沒有「禧年」制度的話，那麼或許這一家子的人，可能就會淪落到「好幾代的赤貧」生活，但耶華神為了要防止這種狀況發生，防止「債留子孫」的這種情況。所以祂告訴以色列百姓，到了「禧年」，也就是 第五十年的「贖罪日」的時候，耶和華神除了會「清償」你們的屬靈「罪債」，同時也會「償還」你們「土地-產業」的債務，也就是說，原來兼併土地的那些少數人，那些 (用現在的話說來說) 財團、大企業你們要無條件地，把所有從原地主購得的土地，無條件的「歸還」。

再來，人的部分也是一樣，如果有一個人，他家裡貧窮了，需要 **賣身「為奴」** 才能維持家計，或是一個父、母親，為了生活，而必須要把自己的女兒 **賣掉**，成為「女奴」，如果說沒有「安息年」和「禧年」條例的話，那這個被賣為奴的「奴隸」和「女奴」或許很有可能就是一輩子都是奴隸，而永遠都無法翻身，成為一個自由人，但是，**公義的神為了防止這樣的狀況發生，所以才設立了「安息年」，和「禧年」這個制度。**

> 『你若買希伯來人作奴僕，他必服事你六年；
> 　　第七年他可以自由，白白地出去。』出埃及記 21:2

כִּי תִקְנֶה עֶבֶד עִבְרִי שֵׁשׁ שָׁנִים יַעֲבֹד
וּבַשְּׁבִעִת יֵצֵא לַחָפְשִׁי חִנָּם

『他在你那裡要像雇工和寄居的一樣，要服事你直到 禧年。

然後他和他兒女 要離開 你，一同出去

歸回本家，回到他祖宗的地業 那裏去。』利 25:40-41

כְּשָׂכִיר כְּתוֹשָׁב יִהְיֶה עִמָּךְ עַד-**שְׁנַת הַיֹּבֵל** יַעֲבֹד עִמָּךְ.

וְיָצָא מֵעִמָּךְ הוּא וּבָנָיו עִמּוֹ

וְשָׁב אֶל-מִשְׁפַּחְתּוֹ וְאֶל-אֲחֻזַּת אֲבֹתָיו יָשׁוּב

在「禧年」這個聖法的背後，有一個很重要的精神和邏輯，那就是: 神按著祂的形象所創造的「人」，以及神所創造的自然和「土地」。人和土地，這兩樣在神看來極其寶貴的創作品，其最終的「所有權」都是來自於耶和華神的，人都不可以去「買斷」或「壟斷」。

這也就是利 25:42, 23 所說的：

『42 因為 他們 (以色列人) 都是我的僕人，是我從埃及地領出來的，不可賣為奴僕。23 地不可永賣，因為 地是我的；你們在我面前是 客旅，是寄居的。』

כִּי-**עֲבָדַי הֵם** אֲשֶׁר-הוֹצֵאתִי אֹתָם מֵאֶרֶץ מִצְרָיִם **לֹא יִמָּכְרוּ מִמְכֶּרֶת עָבֶד**. כג **וְהָאָרֶץ לֹא תִמָּכֵר לִצְמִתֻת כִּי-לִי הָאָרֶץ** כִּי-גֵרִים וְתוֹשָׁבִים אַתֶּם עִמָּדִי

四、 節期架構的「擴大」

從利未記上一段妥拉<訴說>篇，來到這一段的<在西奈山>篇，我們看到經文脈絡有一個「節期架構擴大」的發展。

在<訴說>篇利未記 23 章裡面，我們看到，經文系統性地把所有「耶和華的節期」羅列出來：

從最小單位，每週 第「七」日開始有的「安息日」，然後有 每個月 的「月朔」，再來有 不同月份 出現的「節期」:包括正月的「逾越節」要守節「七」天，第三個月的「七七節」，以及三個被放在 七 月的重要節期: 吹角節、贖罪日，和同樣也要守節「七」日的住棚節，以上這些就是「一年份」所有會出現的「耶和

華節期」和相關聖日。

來到<在西奈山>這段妥拉，利未記 25 章，我們看到有兩個「時間距離」被「放大」的節期架構，一個就是「安息年」，另一個就是「禧年」。

「安息年」就是過完六個「年份」的耶和華節期，來到第「七」年，這一年就會被「分別出來」，成為「聖安息年」。

接下來節期的「時間架構」再「擴大」上去的這個聖曆，就來到「禧年」，「禧年」就是滿了「七」個安息年，也就是「七個七」年，共四十九年之後的第五十年，這一年會被分別出來，稱為「聖年」和「禧年」。

讓我們再從上往下看，看一下這個節期「架構擴大」的發展圖表 [2]：

從每「週」的安息日、每個「月」初一的月朔，到「不同月份」的「節期」，有正月的逾越節、三月的七七節、七月的吹角節、贖罪日和住棚節。接著就來到「安息日」的「擴大版」：每七年一次的「聖安息年」以及最後「七七節」的「放大版」:要數七個七年也就是 49 年之後的第五十年的「禧年」。

這裡，我們看到，以上這些節期和聖曆，其實全部都是以「七」這個數字為基數，向上形塑和架構出來的，也就是說，所有耶和華節期和聖曆，基本上都可以回到「七」這個代表神，祂的「創造-主權-神聖-完全」的數字。

「七」，或者我們說「安息日」，就是代表耶和華神「制定一切-統管萬有」的主權象徵，所以透過「七個七」的數算，這就好像是讓耶和華神對全地的一個主權，有一種「不斷疊加」上去的一個「上行-升高」的過程。

所以 七七節 (五旬節) 是由計算「七個七」，「七個-聖安息日」而漸次累積「數點-計算」出來的節期，因為這個節期，就是紀念以色列百姓<在西奈山>領受十誡和妥拉，並願意將自己「生命主權-全然歸給」神，「完全承認」神的主權 的一個重大節期。

同樣的，透過第「七」年的「安息年」，以色列百姓還要 將「土地的主權」全然交給神，在聖安息年，他們有一整年都不能在土地上做任何的耕作，這是要讓他們清楚意識到，人不是土地的主人，土地乃是屬於耶和華神的。

再數七個七，累積出「七個-聖安息年」之後，就來到「禧年」，這一年的影響層

---

[2] 見本段文本的 youtube 信息影片。

面就更廣泛了，因為禧年除了土地不能耕作之外，**還會有一個人事、土地和產業的「大調動、重新分配」**，原先是被賣的產業土地會「回到」原主人的手中，個人(原來是被賣為奴的，會被釋放) 也會「回到」本家。

其實，仔細去看耶和華神對這些「節期和聖曆」的設計，那麼我們會發現到，**這些節期和曆法乃是要給百姓帶來「祝福、恩膏」，甚至是「公平和正義」的。**

耶和華神設立「節期」的目的，是要我們我們「不斷回到」七 的「循環和結構」當中，因為「七」乃是但代表**「創造、完成、豐滿、次序」**。所以，節期具有一種**「重整-調度-修復」**的功能。

從利未記這個節期「架構擴大」的經文發展，也讓我們知道，這個耶和華神頒布給以色列百姓的<成聖>時間表，不是只有一天、一週、一個月、一年、神是將這個<成聖>時間表拉長到七年，甚至是五十年。

這就告訴我們一個很重要的真理，就是我們各人<成聖>的時間不會是只有一天、一個禮拜、一個月、一年，沒有，**神要我們持續<成聖>直到七年，甚至是延續到我們的大半生，五十年的時間，我們都要<成聖>**，直到我們見主面為止，就如同保羅說的：

『那美好的仗我已經打過了，當跑的路我已經跑盡了，**所信的道 我已經守住了。**從此以後，有公義的冠冕為我存留，就是按著公義審判的主到了那日要賜給我的；不但賜給我，也賜給凡愛慕他顯現的人。』提摩太後書 4:7-8

五、 禧年的終末論

<在西奈山>這段妥拉，在利未記 25 章當中，經文把「**禧年**」和「**贖罪日**」放在一起來談，利 25:8-10：

『你要計算七個安息年，就是七個七年。這就給你七個安息年的日子，共是四十九年。當年七月初十日，你要大發角聲；這日就是 **贖罪日**，要在遍地發出角聲。**第五十年，你們要當作 聖年**，在遍地給一切的居民宣告 **自由**。這年必為你們的**禧年，各人要 歸自己的產業，各歸本家。**』

把「贖罪日」和「禧年」放在一起談，從「終末論」的預表性意涵來說，是非常深刻而且是至關重要的。

如果說「贖罪日」，這個一年一度大祭司要進去會幕的「至聖所」，為「以色列全家」贖所有「一切的罪愆」，是在「預表」將來末後的日子，正如保羅說的『**以色列全家都要得救**』的話，那麼這就如許多先知所預言的，將來以色列的餘民 會「回歸本地」，回到「先祖之地」，而且 以色列屬靈的罪過和污穢會被神所洗淨。

『**我** (耶和華神) **必從各國收取** 你們 (以色列百姓)，**從列邦聚集你們，引導你們 歸回本地**。我必用 **清水灑在你們身上**，你們就 **潔淨了**。我要 **潔淨你們**，使你們 **脫離一切的污穢**，棄掉一切的偶像。我也要賜給你們一個 **新心**，將 **新靈** 放在你們裏面，又從你們的肉體中除掉石心，賜給你們 **肉心**。我必將 **我的靈** 放在你們裏面，使你們 **順從我的律例，謹守遵行我的典章**。你們 **必住在 我所賜給你們 列祖之地**。你們要作我的子民，我要作你們的上帝。』以西結書 36:24-28

「禧年」這個聖法背後的主要精神就是: 產業「回歸」，各歸「本家」，這個就是前文已經看過的利 25:10 的經文：

> 『第五十年，你們要當作 **聖年**，
> 在 遍地 給一切的居民(以色列百姓) 宣告自由。
> 這年必為你們 (以色列人) 的 **禧年**，
> **各人要歸自己的產業 (**以色列地**) ，各歸本家。**』

所以，從「終末論」的角度來看耶和華神給以色列頒布的「**禧年**」，那這就很清楚的是在預表，**在末後的日子，那些被「趕散-流亡」在世界各地的以色列各家，都要「回歸」到自己的地業**，自己的「先祖之地」，是耶和華神「起誓應許」要給亞伯拉罕-以撒-雅各」以及他們的後代子孫的地業:迦南地或者稱為「以色列地」的這塊地，這個也就是利 25:13 說的：

> 『這 禧年，你們 (以色列) 各人 要歸自己的地業。』
> בִּשְׁנַת הַיּוֹבֵל הַזֹּאת תָּשֻׁבוּ אִישׁ אֶל-אֲחֻזָּתוֹ

所以，總結來說，這個特別刻意被放在「**贖罪日**」的「**禧年**」，它的「預表姓-終末論」的意涵就是: 末後的日子，散居在世界各地的以色列餘民，祂們會「全數回歸」到先祖之地，而迦南的土地產業也會「完全回到」以色列手中，並且以色列全家的屬靈罪債「會被償還」，一切污穢罪惡「會被洗淨」。這個，就是「禧年的終末論」的具體意涵。

如果我們把「七七節(五旬節)」和「禧年」拿來對照一下，會發現到兩者有一個「**彼此對稱**」的平行結構 [3]：

首先**七七節(五旬節)**，它是以逾越節後第一個安息日的隔天開始計算七個安息日，也就是七個七天，**7X7** 到第五十天時，就來到七七節，這個節期又稱為五旬節，「聖靈降臨」就是在五旬節。所以這個節期正是在預表 **福音從「以色列-猶太地」廣傳，臨到外邦，直到地極。**

再來、**禧年**，也是一個 **7X7** 的結構，就是要數七個安息年，數完七個七年，來到第五十年，也就是「禧年」的時候，就會有一個全面性、全盤的大變動，那就是: **產業「回歸」，各歸「本家」。**

所以，把七七節(五旬節)，和「禧年」兩相對照一下，就會很清楚地看到，一個是「**向外**」傳播，一個則是「**回歸**」本地。

因此，如果說七七節(五旬節) 的「預表姓」意涵，也就是「福音廣傳」直到天下地極，這是已經發生的，那麼，我們也可以說，接下來「**禧年的終末論**」的預表性意涵，其實也是正在發生當中的事情。

除了，我們剛剛前面已經說過的，散居在世界各地的「以色列餘民」，開始大規模的「**回歸**」以色列地，也看到有越來越多的猶太人相信耶穌是他們的彌賽亞。

同時，外邦教會也開始「**連回-回歸**」到希伯來「信仰根源」，把聖子耶穌在新約的教導，正確「**連回-回歸到**」父神耶和華的妥拉(摩西五經)，開始「**回到**」「耶和華的節期」當中，「**對準**」神的時間，並且將這個被恢復的、純全本然的福音，這個當初是從以色列地的凱撒利亞港，由「猶太人的使徒」保羅所「**傳出去**」的福音，得以再次「**傳回到**」以色列，「**回歸到**」耶路撒冷，「**帶回到**」猶太人手中，使猶太人「**以色列全家**」都相信: 耶穌就是彌賽亞，是猶太人的王，是以色列的拯救的這個大好信息和福音。

保羅在羅馬書 11:25-26 說：『弟兄們，我不願意你們不知道這奧祕，恐怕你們自以為聰明，就是：以色列人有幾分是硬心的，**等到外邦人豐滿了**， 於是 **以色列全家都要得救**。如經上 (以賽亞書 59:20-21) 所記：「**必有一位救主從錫安出來，要消除雅各家的一切罪惡。**」又 說: **我除去他們罪** 的時候，這就是 **我與他們** 所立的約。 』

是的，「禧年的終末論」的核心意義就是：**歸回本家、回到本枝、接回本根、但**

---
[3] 關於這個「平行結構」的圖表，詳見本段文本的 youtube 信息影片。

是這會經歷一個「大規模」的重整和調度，目的乃是為了要 回到神話語和真理「原來-純全的」福音、回到神的「心意-計畫-次序」當中。

問題與討論：

1. 這段妥拉為什麼會取<西奈山>這個詞出來當作標題？ 以色列在<西奈山>這個地方經歷到什麼樣的「重大事件」？

2. 人要守 安息日，土地也要守 安息年，到底耶和華神設立 安息年 這個聖法的「目的和其背後的精神」是什麼？

3. 「禧年」是什麼？ 在「禧年」的時候會發生什麼事情？ 耶和華神為什麼要設立「禧年」這個聖法，這個聖法背後有一個很重要的精神和邏輯是什麼？

4. 在第四段信息「節期架構的擴大」一文中提到，耶和華神對這些「節期和聖曆」的設計，乃是要給百姓帶來什麼？ 這也是耶和華神設立「節期」的其中一個非常重要的目的。

5. 在利未記 25 章當中，經文把「贖罪日」和「禧年」放在一起談，從「終末論」的預表性意涵來說，指的是什麼？ 另外，如果我們把「七七節 (五旬節)」和「禧年」拿來兩相對照，會發現到兩者有一個「彼此對稱」的平行結構，請說明這個平行結構。

利未記 No.10 妥拉

<在我的律例>篇 (פרשת בחקתי)

本段妥拉摘要:

利未記第十段妥拉，標題<在我的律例> (בְּחֻקֹּתַי)。作為利未記的最後一段妥拉，篇名叫行<在我的律例>中，這真是再適合不過。在經過利未記前面許多章節，講述耶和華神頒布的一切律例、典章和法度，來到最後總結所要說的，就是要「謹守遵行」這些誡命，正如起始經文，利 26:3 所說:『如果你們<在我的律例>行走，我的誡命你們 謹守護衛，你們也 實踐遵行 它們 (這些誡命)。』

透過利 26:3 經文一連出現的三個動詞:「**行走、謹守護衛、實踐遵行**」，就可以清楚看出，經文強烈表達出，耶和華神要以色列百姓務必「全心全意」的「謹守遵行」神的「一切」典章-律例和法度。因為，遵行神的律例，行<在神的律例>中，就會得蒙神「超自然」的祝福、保守和護衛，但如果「不遵行」神的律例，就會遭受「咒詛和懲罰」。

雖然日後以色列人因拜偶像、離棄耶和華神，不行公義，反而行耶和華眼中看為「惡」的事，所以他們遭受最嚴屬的「最終懲罰」: 國破家亡，被「趕散-流亡」到世界各地，遭受恐怖「迫害和殺戮」，不過，這不是故事的結局。

因為，耶和華神「沒有遺棄」祂的百姓，祂「仍然紀念」祂與以色列先祖所立的「永約」，這就是利 26:44 所說『雖是這樣，他們在仇敵之地，我卻不厭棄他們，也不厭惡他們，將他們盡行滅絕，也不背棄我與他們所立的約，因為 我是耶和華－他們的上帝。』是的，以色列的「服刑期滿」，耶和華神使他們結束「趕散-流亡」的狀態，以色列的餘民從 19 世紀末開始，一批批大規模「回歸」到先祖之地，直到今日，還有許多海外的猶太人「回歸」以色列。這也就印證利 26:41-42 所說:

『他們未受割禮的心若謙卑了，他們也服了罪孽的刑罰。我就要記念 我與雅各所立的約，與以撒 所立的約，與亞伯拉罕 所立的約，並要 記念這地。』

利未記 No.10 妥拉 <在我的律例> 篇（פרשת בחקתי）

經文段落:《利未記》26:3 - 27:34
先知書伴讀:《耶利米書》16:19 - 17:14
詩篇伴讀: 105 篇
新約伴讀:《馬太福音》21:33-46、《約翰福音》14:15-21

一、 行<在我的律例>

利未記第十段妥拉標題<在我的律例>。經文段落從利未記 26 章 3 節到 27 章 34 節。<在我的律例>這個標題，在和合本中文聖經，利 26:3：

『你們若遵行 我的律例，謹守我的誡命』
אִם-בְּחֻקֹּתַי תֵּלֵכוּ וְאֶת-מִצְוֹתַי תִּשְׁמְרוּ וַעֲשִׂיתֶם אֹתָם

這段妥拉的標題: <在我的律例> (בְּחֻקֹּתַי) 就是上面希伯來經文 26:3 的第二個字，這個字 (בְּחֻקֹּתַי) 就是本段妥拉的標題。

利 26:3 這段妥拉起始開頭的這一節經文，和本中文聖經翻譯，沒有翻的很完整，若直接按字面詞序翻譯的話，就是：

『如果你們<在我的律例> 行走，
我的誡命 你們 謹守護衛，
你們也 遵行 它們 (這些誡命)。』

אִם-בְּחֻקֹּתַי תֵּלֵכוּ
וְאֶת-מִצְוֹתַי תִּשְׁמְרוּ
וַעֲשִׂיתֶם אֹתָם

上面，利 26:3 這節經文，一連出現三個「動詞」，第一個「行走 (תֵּלֵכוּ)」、第二個是「謹守護衛 (תִּשְׁמְרוּ)」、第三個是「實踐遵行 (וַעֲשִׂיתֶם)」。經文接連出現這三個動詞，正是強烈的表達出，耶和華神要以色列百姓務必要「全心全意-謹守遵行」神的「一切」典章-律例和法度。

利 26:3 這麼斬釘截鐵的一節經文，拿來作為利未記「最後一段」妥拉的「起始」經文，真是再適合不過，因為，在利未記前面二十幾章的經文中，記載描述了「這麼多」耶和華神向以色列百姓所頒布的的一切「聖法和律例」，其實目的就是要他們<成聖>，而<成聖>的唯一的一個辦法，當然就是:行走<在神的律例中>、謹守護衛並實踐遵行它們。

如果我們回顧一下利未記各段妥拉的「標題」篇名，那就會發現利未記這卷書，前後有一個「頭尾呼應」的結構:

從第一段妥拉的<祂呼叫>、<吩咐-命令>、<第八日>、<懷孕>、<大痲瘋>、然後<死了之後>，接著<成聖>，然後來到<訴說>篇、<在西奈山>篇，最後則是收尾的<在我的律例中>。

如果單看第一段妥拉的耶和華神<祂呼叫>，以及最後一段的耶和華神要以色列百姓行走<在神的律例中>，那麼這個意思就非常清楚了。

耶和華神<祂呼叫>以色列百姓，<呼叫>他們來做什麼，<呼叫>他們來，要行走<在神的律例中>，這不就是利未記這卷書的宗旨嗎? 耶和華神<祂呼叫>以色列百姓，要學習神的律例典章、神的「妥拉」，學習律法和妥拉的目的，是為了要叫他們<成聖>，成為列國的光。

所以，這個讓以色列能行 <在神的律例中> 的準則和寶典，其實也就是耶和華神向世人所「親自啟示」的「妥拉 (律法)」。

正因為這是耶和華神以「第一人稱」「親口吩咐」一切的聖法-律例和典章，所以去看整本聖經，經文都很清楚地告訴我們，神的律法 (妥拉) 乃是『帶來生命和醫治』的。

正如約書亞記 1:8 說的：

> 『這 律法 (原文是妥拉) 書，不可離開你的口，
> 總要晝夜思想，好使你 謹守遵行 這書上所寫的一切話。
> 如此，你的道路就可以亨通，凡事順利。』

לֹא-יָמוּשׁ סֵפֶר הַתּוֹרָה הַזֶּה מִפִּיךָ
וְהָגִיתָ בּוֹ יוֹמָם וָלַיְלָה לְמַעַן תִּשְׁמֹר לַעֲשׂוֹת כְּכָל-הַכָּתוּב בּוֹ
כִּי-אָז תַּצְלִיחַ אֶת-דְּרָכֶךָ וְאָז תַּשְׂכִּיל

又如詩篇 1:2-3 節所記載：

『惟喜愛 耶和華的 律法 (原文是妥拉)， 晝夜思想 祂的律法 (妥拉)， 這人便為 有福！他要像一棵樹栽在溪水旁，按時候結果子，葉子也不枯乾。凡他所做的盡都順利。』

כִּי אִם בְּתוֹרַת יְהוָה חֶפְצוֹ וּבְתוֹרָתוֹ יֶהְגֶּה יוֹמָם וָלָיְלָה. וְהָיָה כְּעֵץ שָׁתוּל
עַל-פַּלְגֵי-מָיִם אֲשֶׁר פִּרְיוֹ יִתֵּן בְּעִתּוֹ וְעָלֵהוּ לֹא-יִבּוֹל וְכֹל אֲשֶׁר-יַעֲשֶׂה יַצְלִיחַ

還有詩篇 19:7 說的：

『耶和華的律法(妥拉) 全備，
能使人 甦醒。(或譯:使人的靈 回轉 向神)。』

תּוֹרַת יְהוָה תְּמִימָה
מְשִׁיבַת נָפֶשׁ

以上，我們剛剛看了好幾節有「律法」希伯來文就是「妥拉(תּוֹרָה)」這個字在當中的經文，讓我們清楚看到，整部「希伯來聖經」，也就是舊約聖經，對 神的律法 (妥拉) 是充滿「積極正面」的教導。這是當然的,因為那是『耶和華神的話』。

『耶和華啊，祢的話 安定在天，直到永遠。』詩篇 119:89
לְעוֹלָם יְהוָה דְּבָרְךָ נִצָּב בַּשָּׁמָיִם

是的，正如彌賽亞耶穌也這樣說的，馬太福音 5:18：

『我實在告訴你們：就是到天地都廢去了，
(父神耶和華的) 律法/妥拉 的 一點一畫 也不能廢去，都要成全。』

二、 「律法」與「妥拉」

利未記最後一段作為「總結」的妥拉，標題叫<在我的律例>，這段妥拉的內容簡單來說，就是耶和華神要叫以色列百姓「謹守遵行」神所頒布的一切聖法。

耶和華神所頒布的一切律例、典章、法度……等等這些東西，我們可以用一個意義「更廣泛」的語詞來指涉，這個字就是「**妥拉 (תּוֹרָה)**」。

妥拉 這個字或許對大家較為陌生，但這個字 (從狹義上來講) 指的就是「摩西五經」，(廣義上來說) 就是泛指「神的話」，也就是整部 希伯來聖經。

如果我們翻開「希伯來聖經」，那麼第一部分: 摩西五經，你會看到斗大的字寫著 (תּוֹרָה) To'rah. 音譯過來就是「**妥拉**」這個字，和合本中文聖經多半以「**律法**」來翻譯，有些時候又以「**條例**」來翻譯，譬如在利未記第二段妥拉<吩咐-命令>篇的第二段文本信息「嚴格遵守的**條例**」所討論過，各樣獻祭的「**條例**」(תּוֹרָה)，另外(תּוֹרָה)還被翻譯成「**訓誨**」，譬如以賽亞書 2:3 的經文，我們最後會提到這節經文。

稍微談一下希伯來語，希伯來語最特別的地方就是它「連結性」強大的「**字根**」系統，希伯來文叫(שׁוֹרֶשׁ)。

字根，(絕大部分) 是由三個「字母」組成，每一字根都有其基本的「字義」，從「詞性」來說，由一個字根，可以衍生出動詞、名詞、形容詞和副詞、從「意義」來講，「同一個字根」可以派伸出其它「相關的單字」及「意義」。

打個比方，字根就很像一隻蜘蛛，它可以生出很多『**共享 同一字根，但彼此卻又意義相關的單字**』，而這些字彙又形成一張「**彼此互聯**」的意義共同網絡，所以蜘蛛 (字根) 織出了一張蜘蛛網 (意義網絡)，把這些共享「相同字根」的單字，一網打盡。

因此，當我們在看一個 希伯來單字的時候，若能從「**字根**」及其相關的單字所構成的「**一張較大的意義網絡**」來「理解」這個單字，那麼這樣的理解，自然會比較整全。

接下來，我們就以「**妥拉 (תּוֹרָה)** 」這個字，它的字根 (ירה)，來看底下幾個都含有(ירה) 這個字根，而且彼此「意義相關聯」的單字:

第一個字 (יָרָה) 讀音 yarah. 就是這個字根本身，本身也是一個單字，是一個動詞，意思為「射擊」shoot. 或更進一步說，是『射中靶心，射中目標』。下面，由 (ירה) 這個字根派生出來的單字，都會跟這個「射擊」或「射中靶心」的意義有緊密關聯。

父-母親 (הורה) 讀音 horeh or horah. 父、母親要教育孩童，「引導」他們「射中靶心」，行走在正確的人生道路和方向中，這樣小孩才不致迷惘，丟失自己。

再來，老師 (מורה) 讀音 moreh or morah. 有一句話叫『十年樹木，百年樹人』，教育乃是百年大計，在學校培養人才的責任，就是在老師的身上，因為老師 (也如同父母) 他們肩負著「引導、指引」學童要「射中目標」的使命任務，老師要教導學童行走在「對的道路」中，將來長大後，才能對國家-社會-家庭有所貢獻，而不是給社會製造問題和麻煩。

第四個字，「說明-指引」手冊、教學「方針」(הוֹרָאָה) 讀音 horaah. 我們知道，新進教師都需要參加「老師研習營」，目的是要「引導」這些新手老師，給他們一份「指南」，讓老師們知道如何來教育學童。

行文至此，我們看到了四個單字，從

射擊　　　(ירה)、
父-母親　(הורה)、
老師　　　(מורה)、
指引-指南(הוראה)。

以上這些單字都有一個相同的字根:(ירה)，第一個字根 (י) 因為是「弱字根」，所以在大部分單字中它會消失不見，不會看到它出現在單字裡面。

有了以上這幾個單字的認識之後，最後，我們就再回來看看這個被翻譯成「律法」的單字:「妥拉 (תּוֹרָה)」

妥拉 (תורה) 對猶太人來說就是「摩西五經」。從最上面的『起首字根(ירה) 射擊』一路理解下來，就比較能整全地來理解，其實「妥拉」比較好的翻譯，應該是「指引、指南、引導」，英文為 teaching, instruction. 妥拉 就是耶和華神給以色列百姓的一套 成聖「生活指南」，在這部生活寶典當中，耶和華神告訴祂的子民，應該「如何」生活、要「怎麼」生活。耶和華神就像一個慈父、或一位良師，要把「最好的」、「最奧秘」的聖法給祂的子民，目的要「賜福」他們，使他們「得豐盛」。

正如保羅在羅馬書 9:4-5 說的『他們是以色列人，那兒子的名分、榮耀、諸約、**律法** (妥拉)、禮儀、應許都是他們的； 列祖就是他們的祖宗；按肉體說，基督 (彌賽亞) 也是從他們出來的』

最後再提一個字，**摩利亞 (מוריה)** 讀音 **Moriyah**. 這個字是由兩個字(**מורה-יה**) **moreh - yah** 組合而成，意思就是『**上帝的引導、教導**』，或更白話說『**上帝是指引者/老師**。』

猶太人相信，創世記 22 章中『亞伯拉罕獻以撒』的 **摩利亞山 (הר מוריה)**，就是後來所羅門建造聖殿的 **聖殿山 (הר הבית)**，所以座落在耶路撒冷聖殿山上的摩利亞山，這個地方，就是: 耶和華神發出對全世界話語「教導」的聖山。正如以賽亞書 2:3 所說的:

『必有多國的民前往，他們說:
「來吧，讓我們登 耶和華的山，上到 雅各神的殿。
主必將他的道 引導[1] 我們；我們也要行他的路。
因為 訓誨 (原文是妥拉) 必出於錫安；
耶和華的言語 必出於 耶路撒冷。』

הָלְכוּ עַמִּים רַבִּים וְאָמְרוּ
לְכוּ וְנַעֲלֶה אֶל-**הַר**-יְהוָה אֶל-**בֵּית** אֱלֹהֵי יַעֲקֹב
וְיֹרֵנוּ מִדְּרָכָיו וְנֵלְכָה בְּאֹרְחֹתָיו
כִּי מִצִּיּוֹן תֵּצֵא תוֹרָה
וּדְבַר-יְהוָה מִירוּשָׁלָ͏ם

約翰福音 4:22，耶穌說:

『你們所拜的你們不知道，我們所拜的我們知道，
因為 救恩 是從 猶太人 出來的。』

---

[1] 以賽亞書 2:3 節，「引導」這個動詞的字根就是(**ירה**)

三、 耶穌與律法

尼西米記 8 章描述了一個感人肺腑的重大時刻，這是被擄到巴比倫的猶太人，「回歸」到耶路撒冷，來到這座由所羅巴伯領導下所重建修復的聖殿前，由文士以斯拉向以色列會眾宣讀耶和華神的「律法書(妥拉)」的場景。尼希米記 8:1-3,8-9：

『那時，他們如同一人聚集在水門前的寬闊處，請文士以斯拉，將耶和華藉**摩西**傳給以色列人的 **律法書(妥拉)** 帶來。七月初一日，祭司以斯拉將 **這律法書(妥拉)** 帶到聽了能明白的男女會眾面前。在水門前的寬闊處，從清早到晌午，在眾男女、一切聽了能明白的人面前讀 **這律法書(妥拉)**。眾民側耳而聽。他們清清楚楚地念 上帝的 **律法書(妥拉)**，講明意思，使百姓明白所念的。…眾民聽見 **律法書 (妥拉) 上的話** 都哭了。』

וַיֵּאָסְפוּ כָל־הָעָם כְּאִישׁ אֶחָד אֶל־הָרְחוֹב אֲשֶׁר לִפְנֵי שַׁעַר־הַמָּיִם וַיֹּאמְרוּ לְעֶזְרָא הַסֹּפֵר לְהָבִיא אֶת־**סֵפֶר תּוֹרַת מֹשֶׁה** אֲשֶׁר־צִוָּה יְהוָה אֶת יִשְׂרָאֵל. וַיָּבִיא עֶזְרָא הַכֹּהֵן אֶת־**הַתּוֹרָה** לִפְנֵי הַקָּהָל מֵאִישׁ וְעַד־אִשָּׁה וְכֹל מֵבִין לִשְׁמֹעַ בְּיוֹם אֶחָד לַחֹדֶשׁ הַשְּׁבִיעִי. וַיִּקְרָא־בוֹ לִפְנֵי הָרְחוֹב אֲשֶׁר לִפְנֵי שַׁעַר־הַמַּיִם מִן־הָאוֹר עַד־מַחֲצִית הַיּוֹם נֶגֶד הָאֲנָשִׁים וְהַנָּשִׁים וְהַמְּבִינִים וְאָזְנֵי כָל־הָעָם אֶל־**סֵפֶר הַתּוֹרָה**. וַיִּקְרְאוּ בַסֵּפֶר **בְּתוֹרַת הָאֱלֹהִים** מְפֹרָשׁ וְשׂוֹם שֶׂכֶל וַיָּבִינוּ בַּמִּקְרָא. כִּי בוֹכִים כָל־הָעָם כְּשָׁמְעָם אֶת־**דִּבְרֵי הַתּוֹרָה**

來到新約，我們看到耶穌與「妥拉(律法)」當然也是息息相關。

耶穌從『亞伯拉罕-以色列家-猶大支派-大衛的後裔』而出，耶穌「在世肉身」的身分，是個不折不扣的「猶太人」，正如保羅說的：『列祖就是他們的祖宗；按肉體說，基督(彌賽亞) 也是從他們 (以色列) 出來的』(羅馬書 9:5)

所以耶穌作為一個出生在猶大地的伯利恆的一位猶太人，他當然會 過安息日、上會堂，讀父神的律法書 (妥拉)、上耶路撒冷 過父神「耶和華的節期」:逾越節、五旬節、住棚節……等等。在新約裡面，有許多地方記載了耶穌「遵守妥拉」的典範 ，以及對妥拉「賦予新意」的教導。

首先我們看到，耶穌的出生，乃是按照妥拉，在第八日「**受割禮**」[2]，在聖殿中獻給父神耶和華。路加福音 2:21-23：

---

[2] 同參利未記 No.4 妥拉<懷孕>篇之第五段「割禮的盟約」。

『滿了八天，就給孩子 行割禮，與他起名叫 耶穌 (יֵשׁוּעַ 意為祂拯救)；這就是沒有成胎以前，天使所起的名。按摩西 律法(妥拉) 滿了潔淨的日子，他們帶著孩子上 耶路撒冷 去，要把他獻與 主(耶和華神)。正如 主(耶和華) 的律法 (妥拉) 上所記：凡頭生的男子必稱聖 歸主(耶和華) 。』

第二、耶穌也運用妥拉中「潔淨」禮儀的教導，例如在路加福音 5:12-14 經文提到的，當耶穌醫治完大痲瘋的病人之後，就對他說：『只要去給祭司查看，照摩西 (妥拉) 所規定的，獻上潔淨禮的祭物，好向他們作見證。』

第三、在新約中，隨處都可以看到耶穌遵守妥拉中「耶和華神所定下的節期」[3]，譬如在馬太福音 26:17 寫到，耶穌守逾越節：「除酵節 的第一天，門徒來問耶穌說：你吃「逾越節」的筵席，要我們在哪裡給你預備？」

第四、耶穌來到世上的「道成肉身」的救贖工作，也完全是以「耶和華的節期」為中心展開。

馬太福音 26:2，耶穌說『你們知道，過兩天是逾越節，人子將要被交給人，釘在十字架上。』所以耶穌是「逾越節」被殺的羔羊，這是因為 按照父神耶和華的時間計畫表，耶穌必須在「逾越節」受難。然而耶穌在「初熟節」復活，所以耶穌就成為『睡了之人 初熟的果子』(林前 15:20)、最後，耶穌升天前囑咐門徒，要在耶路撒冷等候父神在「五旬節」，將聖靈澆灌下來。(使徒行傳 1:4)

所以總結的來說，耶穌在世並「沒有廢掉」神的律法(妥拉)，正好相反，乃是要「成全」。馬太福音 5:17-18，耶穌說的很清楚：『莫想我來要廢掉 (父神耶和華的) 律法/妥拉 和先知，我來不是要廢掉，乃是要成全。我實在告訴你們：就是到天地都廢去了，(父神耶和華的) 律法/妥拉 的一點一畫 也不能廢去，都要成全。』

耶穌沒有廢掉妥拉，耶穌要廢掉的乃是:文士和法利賽人所奉行的僵化的、人為的「律法主義」。因為耶穌其實把律法/妥拉的標準「提的更高」了。馬太福音 5:28：

『凡看見婦女就動淫念的，這人「心裡」已經與她「犯姦淫」了。』

事實上，在耶穌、門徒和初代彌賽亞會堂/教會的時期，他們所讀的是「希伯來聖經」，至少摩西五經(妥拉)和先知書的部分都已成冊。所以提摩太後書 3:16 說的『聖經 都是神所默示的，於教訓、督責、使人歸正、教導人學義都是有益的，叫屬神的人得以完全，預備行各樣的善事。』這裡的「聖經」，自然指的是: 律

---

[3] 同參利未記 No.8 妥拉<訴說>篇之第二段「節期的功能」。

法書(妥拉)、先知書。

再來，必須要說的是，在耶穌那個時候，也尚未有『受難日、復活節、聖靈降臨節』等等這些後人所制訂出來的 (人為的) 節期；耶穌和門徒們過的乃是 妥拉中所明定記載的『耶和華節期』。

『我與「父神耶和華」原為一。』約翰福音 10:30

我們說，基督徒信耶穌，是耶穌的跟隨者，那耶穌自己有沒有信仰？

耶穌相信父神耶和華，耶穌說：

『我以「父神耶和華」的事為念。』路加福音 2:49

又說：

『子憑著自己什麼也不能做，只有看見「父神耶和華」所做的，子才能做，
因為「父神耶和華」所做的事，子也同樣地做 』約翰福音 5:19

來看耶穌的〈主禱文〉(馬太福音 6:9-10) 就非常清楚了，前三句話都是「指向」「天父(耶和華)」的:

『我們在 天上的父 (神耶和華)，
願人都尊 祢 (耶和華神的) 名 為聖，
願 祢 (耶和華神的) 國 降臨，
願 祢(耶和華神的)旨意 行在地上如同行在天上。』

是的，如果耶穌在地上，**凡事都按照「父神耶和華的旨意」**在行事，那我們應該就有必要去認真的探詢和了解，到底「**父神 (耶和華) 的心意**」為何？「**父神耶和華做事的法則**」是什麼？ 而這些，其實都已詳細地啟示在 **妥拉** (也就是摩西五經) 當中，

因為，說到底，耶穌道成肉身，來到人世間的最終目的，是要把人「**引向**」到父神耶和華那裏去，正如耶穌自己說的，約翰福音 14:6：

『我就是道路、真理、生命。
若不是藉著我，沒有人能到「父神耶和華」那裡去。』

『 因為我從天上降下來，**不是要按自己的意思行，**
乃是要按「那差我來者的」(父神耶和華) 意思行。』約翰福音 6:38

『 我的教訓 不是我自己的,

乃是「那差我來者」(父神耶和華) 的。』約翰福音 7:16

從耶穌自己的言論看來,作為「聖子」的耶穌,自然也就不可能會說出和「父神」耶和華「互相矛盾」的話語和教導出來,因為如詩人所言:

『耶和華啊,祢的話 安定在天,直到永遠。』詩篇 119:89

最後,以詩篇 119:1,來做一個小結:

『行為完全、遵行 耶和華 律法(妥拉) 的,這人便為有福』
אַשְׁרֵי תְמִימֵי-דָרֶךְ הַהֹלְכִים בְּתוֹרַת יְהוָה

四、「祝福」與「咒詛」

在利未記前面的章節,耶和華神向以色列百姓頒布了許多律例、典章和聖法,來到利未記最後一段妥拉<在我的律例>,在利未記 26 章我們看到,是來到「簽署-立約」的時候。

這個約很簡單,就是當你們以色列百姓行<在我的律例>當中的時候,你們就會受到「盟約」的「祝福和保護」,而且是來自於神「超自然」的護衛,就如同利 26:7-10 說的:

『你們要追趕仇敵,他們必倒在你們刀下。你們五個人 要追趕 一百人,一百人要追趕 一萬人;仇敵必倒在你們刀下。我要眷顧你們,使你們 生養眾多,也要與你們 堅定所立的約。你們要 吃陳糧,又因 新糧 挪開陳糧。』

事實上,當耶和華神和以色列的先祖:「亞伯拉罕-以撒-雅各」立約的時候,這個和以色列,以及他們的後裔「所立的約」就是一個「不可更改」和「不能撤銷」的「永約」,這個「永約」的意思就是說: 耶和華神「永遠不會」離棄,這個祂因著「守約」,也因著永遠的慈愛,而從埃記為奴之地所拯救出來的以色列,耶和華神「定意」要與以色列百姓「同行-同在」,這個就是利 26:11-13 說的:

157

『我要在你們中間 立我的帳幕；我的心 也不厭惡你們。我要在你們中間行走；我要作你們的上帝，你們要作我的子民。我是耶和華－你們的上帝，曾將你們 從埃及地領出來，使你們 不作埃及人的奴僕；我也折斷你們所負的軛，叫你們挺身而走。』

守約、遵守律例 的「祝福」清單，從利 26:3 一直到 13 節，看似很長很多，但接下來我們卻看到，**不守約、不遵行** <神的律例>所遭來的「咒詛-懲罰」的清單是更多更長的，從 26:14 一直到 43 節，篇幅非常的冗長。

我們看到，在這份「咒詛」的清單中，懲罰是「逐漸加重」的，這個「逐漸加重」的懲罰，發展到最後，也就是「最嚴厲」的管教，所謂的「最終懲罰」，那就是以色列百姓「被趕逐」出去，離開以色列地，**四處流亡**，受逼迫-殺害，並且以色列百姓所曾經居住的這塊迦南，流奶與蜜之地會 **成為荒場**，這就是利 26:32-33 所說的：

『**我要使地成為荒場**，住在其上的仇敵就因此詫異。我要把你們 **散在列邦中**；我也要 **拔刀追趕你們**。你們的地要 **成為荒場**；你們的城邑要 **變為荒涼**。』

וַהֲשִׁמֹּתִי אֲנִי אֶת-הָאָרֶץ וְשָׁמְמוּ עָלֶיהָ אֹיְבֵיכֶם הַיֹּשְׁבִים בָּהּ. וְאֶתְכֶם **אֱזָרֶה בַגּוֹיִם** וַהֲרִיקֹתִי אַחֲרֵיכֶם חָרֶב וְהָיְתָה אַרְצְכֶם שְׁמָמָה וְעָרֵיכֶם יִהְיוּ חָרְבָּה

還有利 26:38-39：

『你們要在列邦中滅亡；仇敵之地要吞吃你們。你們剩下的人必因自己的罪孽和祖宗的罪孽在仇敵之地 **消滅**。』

וַאֲבַדְתֶּם **בַּגּוֹיִם וְאָכְלָה אֶתְכֶם אֶרֶץ אֹיְבֵיכֶם**. וְהַנִּשְׁאָרִים בָּכֶם **יִמַּקּוּ** בַּעֲוֹנָם בְּאַרְצֹת אֹיְבֵיכֶם וְאַף בַּעֲוֹנֹת אֲבֹתָם אִתָּם **יִמָּקּוּ**

上面讀的這些經文，讓我們看到這些「懲罰 和 咒詛」實在是非常嚴厲，但之所以需要這麼嚴厲，神的心意和目的乃是為了要讓以色列人「悔改 和 歸正」。做錯事會有「懲罰」，這個其實是一種「保護傘」的機制，做父母親有教養孩童經驗的人都知道，告訴小孩，做了不該做的事情的時候，會有「處罰」，這乃是給小孩「設立界線」，設立界線的目的是要「保護」他們。

所以，耶和華神就向「慈父」一樣，雖然以色列人是「硬著頸項」的百姓，但神沒有因為以色列人「一再地」犯罪、犯錯，神就離開他們，沒有，耶和華神只是「懲罰」他們，懲罰到他們有一天悔改了，神就要「再次召聚」他們、「聚斂」

他們，讓他們「回歸」，回到先祖之地。

回到利未記 26 章「咒詛」清單的經文 26:14-43，我們注意到有一個片語一再重複地出現，這裡個段落的經文也是使用了「一詞七現」的格式，去強調這個主題和信息，我們來看底下這七處的經文：

21 你們 行事若與我反對，不肯聽從我。

23 你們因這些事若仍不改正歸我，**行事與我反對**，

24 我就要 **行事與你們反對**，因你們的罪擊打你們七次。

27 你們因這一切的事若不聽從我，**卻行事與我反對**，

28 我就要發烈怒，**行事與你們反對**，又因你們的罪懲罰你們七次。

40 要承認自己的罪和他們祖宗的罪…並且承認自己 **行事與我反對**，

41 我所以 **行事與他們反對**，把他們帶到仇敵之地。

這個片語「**行事與..反對**」連續出現在這七處的經文當中，「**行事與..反對**」希伯來文叫 (הָלַךְ בְּקֶרִי)，這個詞組後面的字(קֶרִי)和另一個字(מִקְרֶה)有密切關係，(מִקְרֶה)這個字的意思就是「事件」，特別指的是「意外 - 隨意巧合」的事件。

所以，照上面的翻譯來理解「**行事與..反對**」(הָלַךְ בְּקֶרִי) 那麼它更直白清楚的翻譯應該是，「**行事隨意地對待..**」，英文可以翻作 **behave with casualness**.

以色列百姓之所以會遭受「懲罰」，最主要的問題是在於他們沒有嚴肅地去看待神的律例和祂所立的約，或者說，他們是「**行事 隨意地 對待**」神的律例，換句話說，如果當這些犯罪的以色列百姓把「神所降的」災禍和懲罰，當作是「**巧合**」或是「**意外的偶發事件**」來看待，不認為這個災禍其實是神在懲罰他們，而還「**繼續犯罪**」下去的話，那麼，神也會把祂在盟約中所設立的超自然的「祝福和保護」收回來，讓許多「**偶發**」事件、「**意外**」，甚至是迫害、殺戮的災難厄運，「**隨機的發生**」在以色列百姓身上，因為這個時候，因著以色列的繼續犯罪、不肯悔改，那神就不會「主動去介入」和「阻擋」這些災難的事情發生，而是「**任由**」這些迫害-殺戮的事件「**自由隨意地**」發展下去，換句話說，神也「**行事 隨意地 對待**」以色列人，讓他們任由仇敵宰割。

是的，我們的神是「信實-守約」的神，當我們行<**在祂的律例**>中的時候，我們會得蒙神的「保守和護衛」、蒙神的「祝福和豐盛」，但是當我們「沒有」行<**在祂的律例**>中的時候，神其實並「沒有」加害、或懲罰我們，我們之所以會遭難，那只是因為我們「**離開了**」神所設定的「保護傘」和「安全界線」。

最後，我們用箴言 19:16 這節經文來做一個小結：

『謹守誡命的 保全生命，輕忽己路的 必致死亡。』
שֹׁמֵר מִצְוָה שֹׁמֵר נַפְשׁוֹ; בּוֹזֵה דְרָכָיו יָמוּת

五、「守約」的神

在利未記 26 章的後半段，大部分經文都是在講述以色列「違約」，不守神的律例和誡命所遭受的懲罰。

這個懲罰，來到最後，這個最嚴重的「終極懲罰」，就是以色列被耶和華神「趕散」到列國，並且讓他們遭受恐怖的「迫害和屠殺」。

但是來到 26:40-41，經文卻出現了一個重大轉折：

『他們要承認自己的罪和他們祖宗的罪 [4]，就是干犯我的那罪，並且承認自己行事與我反對，我也行事與他們反對，把他們帶到仇敵之地。那時，他們未受割禮的心若謙卑了，他們也 **服滿了** 罪孽的 **刑罰。**』

這個「**服滿**」罪孽的刑罰，或者我們說「**服刑期滿**」其實指的就是，以色列人、猶太人可以不用再繼續遭受「流亡-迫害」之苦，而是可以「回歸」本地，流亡海外的猶太人可以大規模的一波又一波的「回到」以色列地，這個就是 19 世紀末一直到 1948 年以色列復國，乃至現在，都仍然還繼續發生的事情。

再來 26:41 節經文提到的:他們未受割禮的心「**若謙卑了**」，這個可以指的是猶太人的「**悔改**」，甚至是他們的接受並相信:耶穌就是他們的彌賽亞這件事，確實，從 19 世紀末開始直到現今,出現了許多「**信耶穌的猶太人**」,就是「**彌賽亞信徒**」。

為什麼，以色列「悖逆犯罪」，被「趕散流亡」，但是到最後還可以「服刑期滿」，還有以色列餘民「回歸」，甚至還會有「猶太人信耶穌」這樣的事發生呢？

原因很簡單，因為，以色列人，「自始自終」都「一直是」耶和華神所「眷顧-

---

[4] 承認自己的罪和他們祖宗的罪，可以指的是: 2000 年前，那一個「沒有承認」耶穌是彌賽亞以及祂所成就的贖罪祭的世代所犯的罪，同參利未記 No.6 妥拉<死了之後>篇之第三段「贖罪日的預表」。

愛護」的百姓，這是耶和華神從起初，就從萬國列邦中所「特別呼召」出來的選民，耶和華神從亙古到如今，甚至到永恆，都會記得祂與以色列先祖們:亞伯拉罕-以撒-雅各所立的「永約」，利未記 26:44-45：

『雖是這樣(被趕散流亡)，他們在仇敵之地，我卻不厭棄他們，也不厭惡他們，將他們盡行滅絕，也 不背棄 我與他們 所立的約，因為 我是耶和華－他們 (以色列) 的上帝。我卻要為他們的緣故 記念 我與他們先祖 所立的約。他們的先祖是 我在列邦人眼前、從埃及地領出來的，為要作他們的上帝。我是耶和華。』

是的，耶和華神是「信實-守約」的上帝，祂不只「記念」以色列的先祖們，耶和華神也記念祂與先祖們所立的「永約」，當然也「記念」祂所要賜給以色列的後代子孫為產業的「土地」，就是迦南地、以色列地。利 26:42：

> 『我就要記念 我與雅各 所立的約，
> 與以撒 所立的約，
> 與亞伯拉罕 所立的約 我要記念，
> 並 要記念 這地。』

וְזָכַרְתִּי אֶת-בְּרִיתִי יַעֲקוֹב
וְאַף אֶת-בְּרִיתִי יִצְחָק
וְאַף אֶת-בְּרִיתִי אַבְרָהָם אֶזְכֹּר
וְהָאָרֶץ אֶזְכֹּר

利 26:42 這節經文很有意思，它有一個「3-3-3」的對應結構，在經文中「我要記念」(זכר) 這個動詞出現三次，耶和華神說要記念「我的約 (בְּרִיתִי)」也說了三次，最後，以色列先祖三位的名字:雅各-以撒-亞伯拉罕 也依序出現。

經文這樣的安排和鋪陳，就是在強烈地表達出耶和華神的「記念」和「守約」。神記念「祂的百姓」以色列，神也記念要賞賜給他們的「應許之地」。

所以，當以色列百姓回轉歸向神的時候，神就會記念-保守-看顧「這地」，不允許外人或境外勢力進出入住，而是要讓祂的子民可以「回家」,「回歸」本地。

因為，當以色列行 <在神的律例> 中的時候，耶和華對祂子民「超自然」的保守、護衛和祝福，就會再次臨到。

最後，我們用以西結書 39:23-29 這段經文來作一個結尾：

『23 列國人也必知道 以色列家被擄掠 是因他們的罪孽。他們得罪我，我就掩面不顧，將他們交在敵人手中，他們便都倒在刀下。24 我是照他們的污穢和罪過待他們，並且我掩面不顧他們。25 主耶和華如此說：「我要使雅各被擄的人歸回，要憐憫以色列全家，又為我的聖名發熱心。27 我將他們從萬民中領回，把他們從他們仇敵之地召來的時候，我要在他們身上，在多國之民眼前顯為聖。28 因我使他們被擄到外邦人中，後又聚集他們歸回本地，他們就知道我是耶和華－他們的上帝；我必不再留他們一人在外邦。29 我也不再掩面不顧他們，因我已將我的靈澆灌以色列家。這是主耶和華說的。』

問題與討論：

1. 若回顧利未記各段妥拉的「標題」篇名，就會發現利未記這卷書，前後有一個「**頭尾呼應**」的結構，這也是為什麼作為利未記的「最後一段」妥拉標題會選擇這個詞，請問這個「**頭尾呼應**」的結構是什麼？ 利未記最後一段妥拉的「標題」是什麼？

2. 在整本聖經裡，聖經對於「律法」的觀點和教導是如何？ 如果從「**(ירה)** 這個字根」來理解「**律法/妥拉 (תּוֹרָה)**」可以帶出什麼樣的意義和觀點？

3. 在新約聖經中，可以看到耶穌是「如何詮釋和謹守遵行」父神耶和華的律法/妥拉，試舉幾個耶穌說過的言詞或作為來具體說明之。

4. 在第四段信息「祝福與咒詛」一文中，提到一個片語「**行事與...反對**」希伯來文叫做 **(הָלַךְ בְּקֶרִי)**，這個片語在利 26:14-43 這段經文中重複出現七次。請問這個「**行事與...反對**」的片語到底是什麼意思？ 為什麼經文要用「一詞七現」的修辭方式特別強調出這一個重要的信息？

5. 利 26:42『 **我就要記念** 我與雅各 **所立的約**，與以撒 **所立的約**，與亞伯拉罕 **所立的約 我要記念**，並要 **記念** 這地。』請分析這段經文的結構，並解釋說明這節經文的重要信息，也就是: 耶和華神是一位怎麼樣的神，祂具有什麼屬性？

奧秘之鑰 解鎖妥拉系列(三) 利未記

作者：鹽光

發 行 人：鍾塩光

出 版 者：妥拉坊

地 址：台北市大安區忠孝東路三段 303 號 4 樓之 5

電 話：0916-556419

電子郵件：torahsc@gmail.com

網 址：www.torahsc.com

出 版 年 月 ：2023 年 01 月初版

定 價： 新台幣 888 元

ISBN 978-626-96635-8-3　(平裝)

展售處（銷售服務）：妥拉坊

地 址：台北市大安區忠孝東路三段 303 號 4 樓之 5

電 話：0916-556419

網 址：www.torahsc.com

電子郵件：torahsc@gmail.com

電子書設計製作：伯特利實業有限公司

設計製作：林子平

地 址：台北市文山區指南路二段 45 巷 10 弄 11 號 B1

電 話：29372711

購買妥拉坊出版書籍以及相關課程，請洽 Line ID:vac-anna、妥拉坊 FB 粉專，或來信 torahsc@gmail.com 詢問，謝謝。